CURSUS

Prüfungstraining 3
für Schulaufgaben/Klassenarbeiten

Ausgabe A/B/N, Lektion 37–50

Herausgegeben von
Prof. Dr. Friedrich Maier und Dr. Stephan Brenner

Bearbeitet von
Michael Hotz und Prof. Dr. Friedrich Maier

Oldenbourg
C.C. Buchner
Lindauer

Cursus, Ausgabe A/B/N – Unterrichtswerk für Latein

herausgegeben von Prof. Dr. Friedrich Maier und Dr. Stephan Brenner
und bearbeitet von
Britta Boberg, Reinhard Bode, Dr. Stephan Brenner, Prof. Andreas Fritsch, Michael Hotz, Prof. Dr. Friedrich Maier, Wolfgang Matheus, Ulrike Severa, Hans Dietrich Unger, Dr. Sabine Wedner-Bianzano, Andrea Wilhelm

Berater: Hartmut Grosser

Die Veröffentlichung dieser Hilfen zur Vorbereitung auf Schulaufgaben/Klassenarbeiten wäre nicht möglich geworden, wenn nicht Kolleginnen und Kollegen von ihnen erarbeitete Prüfungsaufgaben bereitwillig zur Verfügung gestellt hätten. Diese sind hier, mehr oder minder verändert, zusammengestellt und mit Lösungen versehen worden. Herausgeber und Bearbeiter bedanken sich ganz herzlich bei den „Aufgabenstellern", u. a. bei Josef Braun, Andrea Brem, Christian Czempinski, Birgitta Elendner, Dr. Thomas Feicht, Eva Friedel, Arndt Galleithner, Stefan Koll, Dr. Michaela Krell, Karin Laqua, Daniel Lauber, Jürgen Proske, Arthur Rost, Maria und Hans Dietrich Unger, Brigitte Würth.

Redaktion: Andrea Forster, Cornelia Franke (Assistenz)
Illustration: Gisela Vogel, München
Umschlagkonzept: Mendell & Oberer, München
Umschlag: Groothius, Lohfert, Consorten GmbH, Hamburg

Umschlagfotos vorne: Bridgeman Art Library, London/Lauros/Giraudon; akg-images/Erich Lessing; Interfoto, München/Kager-Decker
hinten: Leslie E. Spatt; Reinhard Bode, Baden-Baden

Technische Umsetzung: artesmedia GmbH, Grasbrunn

www.oldenbourg.de
www.ccbuchner.de

1. Auflage, 5. Druck 2017

Alle Drucke dieser Auflage sind inhaltlich unverändert
und können im Unterricht nebeneinander verwendet werden.

Druck: H. Heenemann, Berlin

ISBN 978-3-637-00745-1 (Oldenbourg Schulbuchverlag)
978-3-7661-5379-1 (C.C. Buchner Verlag)
978-3-87488-745-8 (J. Lindauer Verlag)

PEFC
PEFC/04-31-1156

PEFC zertifiziert
Dieses Produkt stammt aus nachhaltig bewirtschafteten Wäldern und kontrollierten Quellen.

www.pefc.de

1 **Wettstreit in Olympia**

1. Wollen wir nach Olympia reisen! Olympia war nämlich, wie überliefert wird, ein ganz berühmter Ort Griechenlands. 2. Dort (dorthin) sind in ganz alten Zeiten die jungen Männer zusammengekommen, um Wettkämpfe zu bestreiten (um des Wettstreitens willen). 3. Die Athleten haben sich nämlich angestrengt, sich besser als die Übrigen zu zeigen. 4. Jeder (Jeder Einzelne) von ihnen hat versucht, durch einen Sieg (durch Siegen) sich Ruhm und Belohnung zu verschaffen. 5. Doch an den Olympischen Spielen sollen damals auch Dichter und Philosophen teilgenommen haben (haben, wie man sagt, ... teilgenommen). 6. Die Dichter haben mit der Kunst, Gedichte zu verfassen und vorzusingen, alles darauf angelegt, dass sie von den Zuschauern besonders stark (in höchstem Maße) gefeiert wurden. 7. Sehr vielen von ihnen gelang es, dass sie in der Heimat (zu Hause) entweder von den Mitbürgern oder von den Herrschern (Königen) Geld erhielten. 8. Die Philosophen aber scheinen, wenn sie <ihre> Kunst des Denkens und Redens zur Schau stellten (zeigten), weder auf Ehren noch auf Geld bedacht gewesen zu sein (sich weder um Ehren noch um Geld bemüht zu haben). 9. Sie (diese) waren, wie Pythagoras sagte, gewohnt, nur um der Erkenntnis willen die Erscheinungen (Dinge) der Natur zu betrachten. 10. Alle, die in Olympia um den Sieg kämpften, (diese) haben die Griechen gleichsam wie Götter bewundert.

2 **Beim Ausbruch des Vesuv**

1. Der Onkel ermunterte Gaius Plinius <dazu>, mit ihm dieses großartige Schauspiel zu betrachten. 2. Der junge Mann jedoch hat, wie berichtet wird, die Gelegenheit, sich zum Meer zu begeben (zum Meer aufzubrechen), abgelehnt, weil er, begierig danach, die Zeit mit Studien (geistiger Arbeit) zu verbringen, nicht aus dem Haus gehen wollte. 3. Nachdem der Onkel, der kühner war als die Übrigen, nichts fürchtend das Schiff aus dem Hafen gesteuert (geführt) hatte, schrien die Seeleute, sie hätten nicht einmal in einer Seeschlacht sich einer so großen Gefahr ausgesetzt (dass sie ... erprobt hätten). 4. Allmählich bedeckte schwarze Asche die (Land-)Häuser; da versuchte die Mutter, so mit Gaius zu reden: 5. „Du bist, wie es scheint, unschlüssig (scheinst zu zögern). Bald wirst du keine Gelegenheit <mehr> zur Flucht haben. 6. Ich werde hier guter Dinge (gut) sterben. Du aber nütze (verwende) die noch verbleibende (übrige) Zeit zur Flucht!“ 7. Gaius soll voll Zorn Folgendes geantwortet haben: 8. „Ich werde den Übrigen, wenn sie ins freie Gelände (Ebene) hinausgehen (vorangehen), nur gemeinsam mit dir folgen.“

3 **A) Als Dritter im Bunde**

1. Damon, ein sehr tapferer Mann, versuchte, den Tyrannen Dionysius zu ermorden. 2. Doch den Wächtern gelang es, ihn gefangen zu nehmen. Er musste den Tod erleiden (Es war nötig, dass er ...). 3. Bevor er aber hingerichtet wurde, erlaubte ihm der Tyrann, dass er zu Hause seine Schwester verheiratete. 4. Ein Freund nämlich hatte versprochen: „Ich werde für ihn sterben, wenn er nicht am festgesetzten Tag <wieder> da sein wird.“ 5. Und Damon ist, obwohl er so schnell wie nur möglich reiste, (dennoch) von so vielen Gefahren behindert worden, dass er befürchtete, nicht zur rechten Zeit zurückzukehren. 6. Schon schickte sich Dionysius an, den Freund töten zu lassen (zu töten), als Damon endlich erschien. 7. Diese Treue soll der Tyrann so bewundert haben, dass er jene beiden Männer bat, sie sollten ihn selbst als Dritten in die Freundschaft aufnehmen (dass sie ihn ... aufnähmen).

B) **1)** *sanctus*, sanctior, *sanctissimus*; bonus, *melior, optimus* – **2. a)** *Conari* ist ein Deponens, das keinen Infinitiv Präsens auf *-re* bilden kann. **b)** Imperativ Singular; versuche! – **3)** Infinitiv Präsens: Gleichzeitigkeit; Infinitiv Perfekt: Vorzeitigkeit – **4)** citius, altius, fortius – **5. a)** Deo Optimo Maximo **b)** Gott, dem Besten (und) Größten – **6)** Das *Daimonion* bewahrte Sokrates immer vor falschen Entscheidungen.

4 A) Einsatz für die Heimatstadt

1. Archimedes soll mit seinen <wissenschaftlichen> Studien (geistigen Bemühungen) immer auch <seiner> Heimatstadt geholfen haben. **2.** Einmal baute er, als sich die Römer Syrakus, seiner Heimatstadt, zu bemächtigen versuchten, große Wurfmaschinen, mit denen die Feinde von der Stadt abgewehrt werden konnten. **3.** Und er erreichte tatsächlich, dass die Bewohner von Syrakus das schlimme Unglück (den schlimmen Fall) der Stadt lange hinauszögern konnten (verzögerten). **4.** Und dennoch gelang es Archimedes nicht, dass sich <seine> Heimatstadt ständig gegen den Angriff der Feinde verteidigen ließ (verteidigt wurde). **5.** Die Römer nämlich haben die Stadt erobert und sind niemals <mehr> von hier abgezogen. **6.** Doch Archimedes hat nicht vergeblich gelebt, weil er sich größten Ruhm erworben hat. **7.** Denn offensichtlich hat er sein Blut für die Vaterstadt vergossen. **8.** Er ist nämlich durch das Schwert eines römischen Soldaten damals ums Leben gekommen (gestorben).

B) 1. a) Cäsar soll wahr gesprochen haben. **b)** Man sagt, dass Cäsar ... **c)** Cäsar hat, wie man sagt, ... – **2)** Deponentien haben sozusagen die Formen des Aktivs abgelegt. – **3)** multi, plures, plurimi – **4)** Ablativ des Vergleichs; Achilles war stärker als Hektor. – **5)** AcI: Subjekt, Objekt; NcI: Subjekt – **6)** Sokrates wurde vorgeworfen, dass er neue göttliche Wesen einführe und die Jugend verderbe. Auf diese „Verbrechen" stand die Todesstrafe. – **7)** In der Antike durften nur Männer (mit einer Ausnahme, dem Wettlauf der Frauen) aktiv teilnehmen, nur der Erste wurde ausgezeichnet; während des olympischen Friedens ruhten alle Kampfhandlungen; die Spiele waren auch ein religiöses Fest.

5 A) „Ich hab's gefunden!"

1. Hieron sagte zu Archimedes: „Ich glaube, dass ich vom Goldschmied getäuscht worden bin. **2.** Ich fürchte nämlich, dass der goldenen Krone, die jener hergestellt hat, Silber beigemischt (zugefügt worden) ist. **3.** Ich fordere dich auf, dass du darüber nachdenkst und <dir> die Krone ganz sorgfältig anschaust (betrachtest)." **4.** Wenige Tage darauf begab sich Archimedes ins Bad, wobei er sehr scharf darüber nachdachte. **5.** Dort stieg er, immer noch in Gedanken versunken (nachdenkend), in die Wanne. **6.** Plötzlich merkte er, dass so viel Wasser aus der Wanne floss, wie viel von seinem Körper in der Wanne Platz einnahm (sich hineinsetzte). **7.** Archimedes eilte von Freude heftig bewegt aus dem Bad und verkündete, nackt nach Hause laufend, mit lauter Stimme, dass die Sache glücklich ausgegangen sei (Glück gehabt habe). **8.** Und er hörte nicht auf, auf Griechisch zu schreien: „Heureka!" („Ich hab's gefunden!")

B) 1) potiti/-ae estis; vereantur; hortaberis – **2. a)** Die Freundin, die ich gesehen habe ... **b)** Möglichst viele waren da. **c)** Venus ist schöner als Minerva. – **3)** Thales philosophus praeclarus fuisse dicitur. – **4)** Sokrates war der erste Philosoph, der sich nicht wie seine Vorgänger mit Naturphilosophie beschäftigte, sondern den Menschen ins Zentrum seines Philosophierens stellte. Wichtig waren für ihn Fragen, wie man sein Leben richtig führen solle (Ethik). – **5)** Frustriert – frustra: vergeblich; Experte – experiri: versuchen, erproben; Optimist – optimus, -a, -um: der beste; positiv – ponere: legen, setzen, stellen – **6)** Archimedes; damit machte er deutlich, dass er die Hebelgesetze entdeckt hatte.

6 A) Germanische Sitten

1. Die Germanen gehen nicht dem Ackerbau nach (bemühen sich nicht um ...). **2.** <Ihre> Führer teilen nämlich Jahr für Jahr den Stämmen Felder zu, damit sie diese bebauen. **3.** Ein Jahr darauf zwingen sie sie, in andere Gebiete zu ziehen. **4.** Damit (Mit dieser Sache) wollen sie erreichen (sind sie darauf bedacht), dass der Eifer, Krieg zu führen, nicht geschwächt (gemindert) wird, dass sie sich nicht weite Gebiete zu beschaffen versuchen und dass nicht Besitzgier entsteht (ausbricht). **5.** Für die Stämme bedeutet es höchsten Ruhm (Lob), möglichst weit um sich herum durch Verwüstung der Gebiete Öde und Einsamkeit zu haben. **6.** Denn sie glauben, dass sie dadurch (durch diese Sache) sicherer seien. **7.** Raubzüge machen sie außerhalb ihrer Gebiete. Diese bringen allen höchste Anerkennung ein (bedeuten für alle höchstes Lob). **8.** Die jungen Männer der Germanen führen – so wird überliefert – diese durch, um sich zu üben (wie man überliefert). **9.** Gäste jedoch abzuweisen, scheint für sie ein Unrecht zu sein.

B) **1)** procedendi: des Vorrückens; ad precandum: um zu bitten/zum Bitten; augendo: durch das Vermehren/die Vermehrung – **2)** Lebensart; Redezeit; Erzählkunst – **3)** loqueris; locuti/-ae estis; loqueretur; loquemur – **4)** melioribus; maiorem/maius – **5)** Das Gerundium wird vom Infinitiv des Verbs aus gebildet und kann wie ein Substantiv dekliniert werden. Ihm entspricht im Deutschen der substantivierte Infinitiv, der durch die Hinzufügung des Artikels ebenfalls dekliniert werden kann. – **6)** Durch den Ascheregen wurden die Gegenstände „luftdicht“ eingeschlossen und konnten so nicht zerfallen oder verwesen. – **7)** Napoleon wollte damit seine militärischen Triumphe verherrlichen und sich in eine Reihe mit den antiken römischen Feldherren/Triumphatoren stellen.

7 A) Durchhalten!

1. Als die Stadt <schon> lange von den Feinden bestürmt wurde (worden war), sprach einer von den Bürgern folgendermaßen (so): **2.** „Ihr glaubt, dass wir vergeblich viel Zeit auf Warten und Hoffen verwendet haben. **3.** Sollen wir also einen Ausbruch machen? **4.** Doch bedenkt: Alle, die einen Ausbruch zu machen wagen, sind zwar, wie es scheint, tapfer, aber sehr töricht. **5.** Denn die Römer, deren Truppen gewaltig sind, dürften sich sicherlich freuen, wenn wir uns selbst dem Tod ausliefern (anbieten) sollten. **6.** Deshalb bitte ich euch, dass ihr Anstrengung und Leid (Leiden) aushaltet, bis die Freunde euch zu Hilfe kommen. **7.** Gemeinsam mit ihnen wird es euch gelingen, dass ihr die Römer abwehrt (zurückdrängt). **8.** Ich fürchte nämlich, dass die Römer immer in Gallien bleiben wollen.
9. Denn, um zu unterwerfen, pflegen sie fremde Länder zu betreten.“

B) **1)** Quid faciam?: Deliberativ, überlegende Frage an die 1. P. Sg./Pl., „sollen“: Was soll ich tun?; Abeamus!: Hortativ, Aufforderung an die 1. P. Pl., „lasst uns“: Lasst uns gehen! – **2)** Mit einem Potentialis wird eine Aussage über eine Möglichkeit gemacht; Beispiel: Nemo hoc credat: „Niemand dürfte das wohl glauben.“ – **3)** fingendi, eundi – **4)** Ein Genitiv der Teilung (Genitivus partitivus) gibt eine Menge bzw. den Teil einer Menge näher an. – **5)** Fiktion: phantasievolle Gestaltung einer Sache, „Erfindung“; von *fingere* „bilden, gestalten“, hier: in der Phantasie; Tutor: ein „Beschützer“ z. B. von jüngeren Schülern, der sich um sie kümmert; von *tutari* „beschützen, in Schutz nehmen“ – **6)** linke Maske: Tragödie: ernstes, „dramatisches“ Gesicht; rechte Maske: Komödie: groteskes, „komisch-lustiges“ Gesicht

8 A) „Amphitryon“ – Merkurs Einführung in die Komödie

1. „Heil euch (Seid gesund), Zuschauer! Ich heiße Merkur (ich habe den Namen Merkur). Auf Veranlassung Jupiters, meines Vaters, bin ich hierher gekommen. Wollen wir nun die Geschichte vernehmen! **2.** Dies ist die Stadt Theben. Da wohnen Amphitryon und seine Frau Alkmene, die ihn sehr liebt. **3.** Amphitryon jedoch befehligt (leitet) Legionen, da das thebanische Volk mit Feinden Krieg führt. **4.** Bevor Amphitryon in den Krieg zog, umarmte er Alkmene in zärtlicher (süßer) Liebe. **5.** O könnte er doch die Heimatstadt retten und wohlbehalten nach Hause zurückkommen! **6.** Jupiter aber ist ein ganz großer Liebhaber. Deshalb hat mein Vater, da er Alkmene heimlich liebte, sich in Amphitryon verwandelt.“

B) **1)** Wunsch: Optativ; Verbot: Prohibitiv; Möglichkeit: Potentialis; Aufforderung: Hortativ – **2)** genug (der) Worte; ein Teil der Menschen; Worum geht's? – **3)** *Defendi* ist Infinitiv Präsens Passiv; die anderen Formen sind Gerundia. – **4)** ars dicendi; milites ad expugnandum parati; Archimedes experiendo multa inveniens – **5)** Die Komödie diente der Belustigung, sie sollte zum Lachen anregen, aber auch kritikwürdige Punkte der Gesellschaft aufdecken. Die Tragödie hingegen hat die Behandlung von Konflikten und ausweglosen Situationen, in die Persönlichkeiten durch das Schicksal oder eigenes Verschulden gerieten, zum Inhalt. – **6)** Bauen mit *opus caementicium* war weniger aufwendig als das Bauen mit Naturstein. Außerdem konnte man mit dieser Bauweise wesentlich größere Gewölbespannweiten erreichen. Die so erreichte Monumentalität und der dadurch ermöglichte Ausstattungsluxus ist an der abgebildeten Kuppel des Pantheon gut erkennbar. – **7)** Komödie: z. B. der listige Sklave, der trottelige Alte, der verliebte junge Mann

9 **Vorsicht mit den Römern!**

1. Critognatus, ein Adeliger (adeliger Mann) der Gallier, hat an seine Mitbürger folgende Aufforderung gerichtet (hat seine Mitbürger so aufgefordert): 2. „Ihr alle kennt jenen Spruch Cäsars sehr gut: ICH KAM, SAH UND SIEGTE. 3. Hoffentlich werdet ihr nicht von ihm besiegt! Es besteht nämlich die Gefahr, dass wir alle von den Römern vernichtet werden. 4. Jene versuchen nun, nachdem sie schon fast ganz Gallien erobert haben, unsere Stadt einzunehmen. 5. Lasst uns mit allen Kräften die Belagerung der Römer aushalten! 6. Einstmals sind die Zimbern und Teutonen, Völker der Germanen, um Beute zu machen, in Gallien eingefallen, aber irgendwann sind sie <doch> wieder in ihre Wohngegenden zurückgekehrt. 7. Doch die Römer wollen immer in unseren Gebieten bleiben. 8. Denn sie pflegen den besiegten Völkern Freiheit, Gesetze und Ackerland (Felder) zu rauben (entreißen). 9. Deshalb vertraut der Freundschaft Cäsars nicht! Verachtet den römischen Frieden! 10. Wenn Cäsar Sieger sein wird, wird das freie Gallien sicherlich eine Provinz der Römer werden, wir <aber> werden ewige Knechtschaft ertragen. 11. Daher wollen wir Widerstand leisten!"

10 **Theseus tötet Prokrustes**

1. Theseus hatte, auch wenn er schon ein junger Mann war, seinen Vater noch nicht gesehen. 2. Er hatte nämlich auf dem Land fern vom Reich seines Vaters sein Leben verbracht. 3. Endlich beschloss er, in seine Heimatstadt zurückzukehren, und brach, obwohl viele Gefahren drohten, nach Athen auf. 4. Plötzlich trat ihm auf seiner Reise (als er seine Reise machte) Prokrustes entgegen, der als der übelste und verkommenste <Schurke> von allen galt (für ... gehalten wurde). 5. Sofort erkannte Theseus, mit wem er es zu tun hatte: Dieses Ungeheuer pflegte Fremde (Gäste) einzuladen – nicht zum Essen (des Speisens wegen), sondern zum Sterben. 6. Theseus aber sprach so bei sich: „Vor was soll ich Angst haben? Gewiss bin ich tapferer als der da. 7. Deshalb wird mich keineswegs Angst vor dem Tod überkommen. 8. Sicher werde ich im Vertrauen auf die Hilfe der Götter diesen Kerl (Menschen) da besiegen."
9. Und tatsächlich tötete Theseus den Prokrustes auf dieselbe Weise wie jener die Fremden (Gäste): Er schnitt <ihm> die Füße, die Hände und den Kopf ab. 10. So gelang es <ihm>, dass jene Gegend von dem schrecklichen Ungeheuer befreit wurde (frei gemacht wurde).

11 **A) Coriolan**

1. Gnaeus Marcius hat sich im Krieg so großen Ruhm erworben, dass er nach der Stadt „Corioli", die er erobert hatte, „Coriolan" („Coriolanus") genannt wurde. 2. Aber kurze Zeit später geschah es in Rom, dass die Bürger den Plan fassten, ihn in die Verbannung zu schicken. 3. Da floh Coriolan zu den Volskern, die er kurz zuvor (neulich) besiegt hatte. Dies (diese Sache) erregte bei den Besiegten keinen Hass, sondern Bewunderung. 4. Gemeinsam mit ihnen wagte es Coriolan, sobald sich ihm die Gelegenheit geboten hatte, an den Bürgern Roms Rache zu nehmen (die ... zu bestrafen), <ihre> Stadt anzugreifen. 5. Doch Veturia, die Mutter Coriolans, ermahnte ihren Sohn:
6. „Vergiss deine Vaterstadt nicht! („Verdränge ... nicht aus dem Gedächtnis!) Du weißt gewiss, dass du hier geboren bist." 7. Und tatsächlich hat dieser die Stadt nicht angegriffen, da er vor seiner Mutter sehr großen Respekt hatte (seine Mutter sehr stark verehrte).

B) **1)** streiten; Gleichmut; geldgierig – **2)** gavisi/-ae sumus, confisus/-a erat; Kategorie: Semideponens – **3)** fitis; fiebant; fiet; fiatis – **4)** Ein Deponens hat seine aktiven Formen im Lateinischen komplett „abgelegt". Ein Semideponens ist entweder nur im Präsensstamm oder nur im Perfektstamm ein Deponens. – **5)** z. B. ein Unternehmen, das Lampen oder Glühbirnen herstellt. Mit diesem Werbeslogan könnte auf die Zuverlässigkeit und hohe Leuchtkraft der Produkte hingewiesen werden. – **6)** inventio/ Stoffsammlung; *dispositio/Gliederung; elocutio/Ausformulierung; memoria/Auswendiglernen; pronuntiatio/Vortrag*

12 **A) Roms größter Mann**

1. Weiß etwa jemand nicht, dass Cäsar als junger Mann nicht nur das süße Leben zu genießen pflegte, sondern auch gierig <danach> war, sich dauerhaften Ruhm zu erwerben? **2.** Deshalb ließ er sich auch von griechischen Rednern unterrichten, um sich die Regeln einer guten Rede (gut zu reden) anzueignen (zu erfassen). **3.** Später, als er Konsul geworden war, versuchte er, alles, was er <sich> gewünscht hatte, zu erreichen. **4.** Da hat er, so wird überliefert, im Vertrauen auf sein Glück und die Tapferkeit seiner Soldaten viele Jahre in Gallien gekämpft und sehr vielen Völkern schändliche Knechtschaft aufgebürdet (auferlegt). **5.** Doch als Cäsar dort, um seine Macht zu vergrößern, die Rechte des Staates missachtet (verachtet) hatte, fasste der Senat den Beschluss, den Feldherrn aus der Provinz nach Rom zurückzurufen. **6.** So kam es, dass ein Bürgerkrieg ausbrach. **7.** Doch Cäsar ist bei der Knechtung (Unterdrückung) der Römer mit derselben Klugheit vorgegangen (hat dieselbe Klugheit eingesetzt) wie beim Besiegen (bei der Besiegung) der Gallier.

B) **1. a)** zur Verteidigung der Stadt; um die Stadt zu verteidigen **b)** wegen der Befreiung der Heimat; um die Heimat zu befreien – **2)** *Hic/haec/hoc* weist auf etwas unmittelbar vor dem Sprechenden Liegendes hin, während *idem/eadem/idem* die Gleichheit (Identität) mit etwas Bekanntem ausdrückt. – **3)** Nach Wörtern wie *si, nisi* oder *ne* fällt die Vorsilbe *ali-* weg. – **4)** Konditionen: conditio, -onis „die Bedingung"; Toleranz: tolerare „ertragen"; variieren: varius, -a, -um „verschieden"; regional: regio,-onis „die Gegend" – **5)** Beim Gerundium handelt es sich um ein Verbalsubstantiv, beim Gerundivum um ein Verbaladjektiv. – **6)** Darstellung des Glücksrades (Rad der Fortuna): Die verschiedenen Personen stellen verschiedene Phasen des Glücks bzw. Unglücks dar. Das Glücksrad dreht sich im Leben, sodass man ganz oben bzw. ganz unten oder auf dem Weg nach oben/unten sein kann. Dies wird durch die dargestellten Personen verdeutlicht. – **7. Frage 1)** von der stoa poikile, einer Säulenhalle in Athen, in der wir uns treffen; **Frage 2)** mit Ruhe und Gelassenheit; **Frage 3)** durch eine selbstgenügsame, vernünftige Lebensführung

13 **A) Philosophie als Bildungswert**

1. Sehr viele adelige Römer haben nicht gezögert, ihre Söhne griechischen Philosophen zur Ausbildung (zum Unterrichten) zu überlassen. **2.** Jene lehrten nämlich die jungen Leute, dass die wahre Tugend nicht im Erwerb von Ehrenämtern, sondern in der Pflege der Menschlichkeit liege (nicht auf ... beruhe). **3.** Auch haben sie, wie überliefert wird, <ihren> Schülern Folgendes geraten: „Ahmt nicht diese Menschen da nach, die von gewaltiger Habgier getrieben sich großen Reichtum zu verschaffen versuchen!" **4.** Cicero selbst ist von der Stadt Rom nach Athen gereist, um berühmte Philosophen zu hören. **5.** Von dort zurückgekehrt, hat er sich dadurch, dass er die griechische Philosophie in lateinischer Sprache (lateinisch) erklärte, daheim größten Ruhm erworben.

B) **1)** ad animum confirmandum: Gerundivum: Verbaladjektiv, gleiche Endung; defendendo: Gerundium: substantivierter Infinitiv im Ablativ, steht ohne Attribut; in hostibus arcendis: Gerundivum: Verbaladjektiv, gleiche Endung; ad confirmandum: Gerundium, substantivierter Infinitiv im Akkusativ (von *ad* abhängig) – **2)** sermonem cum servis communicare: Sklaven am Gespräch teilhaben lassen; servis familiariter uti: mit Sklaven vertraut umgehen; se morti offerre: sich dem Tod ausliefern – **3)** Abeam?: Deliberativ: Soll ich weggehen?; Abeamus!: Hortativ: Lasst uns weggehen!; Ne abieris!: Prohibitiv: Geh nicht weg! – **4)** Ein Semideponens ist ein Verb, das entweder nur im Perfektstamm oder nur im Präsensstamm Deponens ist. – **5)** Horaz wollte damit wohl andeuten, dass auch er bestimmten Überzeugungen der Philosophie Epikurs (Lebensgenuss, ruhiges Leben im Privaten etc.) anhängt. – **6)** Um z. B. als Politiker seine Gegner zu beeindrucken und zu überzeugen, als Anwalt die Richter im Sinne des eigenen Mandanten zu überzeugen. – **7)** Cicero ist hier als flammender Redner und Verteidiger der römischen Republik (Gestik!) dargestellt.

14 **A) Cicero – ein gefragter Redner**

1. Cicero ist, das steht fest, ein sehr guter Redner gewesen und er hat darin, die Menschen durch eine Rede zu beeinflussen (sehr zu bewegen), Großes geleistet (viel vermocht). **2.** Wer weiß nicht, dass viele junge Römer nicht gezögert haben, zu jenem Mann zu reisen, um die Redekunst zu lernen. **3.** Einmal haben die Sizilier den Plan gefasst, sich an jenen Redner zu wenden, damit er den Streitfall gegen Verres <als Anwalt> übernehme. **4.** Cicero (aber) hat, da er über das Los der Sizilier empört war, ihnen geantwortet: **5.** „Niemand glaubt wohl, dass ein einziger Mann einen solchen Grad (eine solche Stufe) von Verfehlungen erreichen kann. **6.** Verzweifelt nicht! Euch soll Gerechtigkeit widerfahren!“ **7.** In der Tat hat er, indem er die ungeheuren Verbrechen des Verres mit seiner Redekunst anklagte, sowohl die Sizilier von diesem Kerl (Menschen) (da) befreit als auch sich selbst größten Ruhm erworben.

B) **1)** Durch die Betrachtung der Natur ...; Dadurch, dass sie die Natur betrachten ...; Durch Naturbetrachtung ... – **2)** aliquos; aliquibus; quod – **3)** revertistis; solitus/-a est; gavisi/-ae sumus – **4)** fiam ▷ fiant – **5)** Mit diesem Ausspruch wollte Horaz dazu aufrufen, das Leben im Hier und Jetzt zu genießen und den Genuss schöner Dinge im Leben nicht auf ein unbestimmtes „Später“ hinauszuschieben. – **6)** Nacktheit als Zeichen der für Diogenes typischen extremen Bedürfnislosigkeit; Trinkschale; Hund als Symbol für seinen Beinamen ΚΥΩΝ – **7)** Darstellung lustiger Begebenheiten; Kritik an der Gesellschaft; z. B. Aristophanes, Plautus

15 **A) Rettungseinsatz**

1. Plinius betrachtete, begierig danach, die Erscheinungen der Natur kennenzulernen, schon viele Tage lang den Feuer speienden Berg Vesuv. **2.** Doch als Verwandte aus dieser Gegend gekommen waren, um Hilfe zu erbitten, glaubte er, er dürfe nicht <mehr> länger in Misenum verweilen. **3.** Deshalb überredete er die zögernden Soldaten, mit ihm abzureisen (aufzubrechen), wobei er folgende Rede hielt (gebrauchte): **4.** „Tapferste Soldaten, was auch immer jemals geschah, ihr pflegtet immer die Beispiele der besten Männer nachzuahmen. **5.** Nun haben wir die Möglichkeit, das Leben sehr vieler Menschen zu retten. **6.** Hoffentlich seid ihr bereit zur Hilfeleistung (dazu, Hilfe zu bringen)! **7.** Lasst die unglücklichen Bürger nicht im Stich, die von einem so großen Unglück heimgesucht (überfallen) worden sind! **8.** Wollen wir also diese <Leute>, dem Glück vertrauend, beschützen!“

B) **1)** ne coniunxeris; ne omiseritis – **2)** eisdem viris; eandem amicam; eidem domino – **3)** server: servire „dienen“; eternal: aeternus, -a, -um „ewig“; confidence: confidere „vertrauen“ – **4)** Hier fand das Fest der Großen Dionysien statt, an dem zum ersten Mal Tragödien und Komödien in der auch heute noch bekannten Form aufgeführt wurden. – **5)** Glücklich werden kann nur der, der moralisch und gemäß der Natur lebt; Ablehnung von Bildung, Macht, Luxus etc.; Ermahnen der Mitmenschen (oft in provokativer Form), sich nicht von äußeren Zwängen leiten zu lassen. – **6)** Vercingetorix war Anführer der Gallier und leitete den Kampf gegen die Römer unter Cäsar. Dadurch wurde er, gerade in späteren Jahrhunderten, zum Symbol des Freiheitswillens und des Kampfes gegen Unterdrückung.

16 **A) Erziehungsgrundsätze**

1. Niemand dürfte dies bezweifeln: Jeder, der ein guter Lehrer zu sein versucht, zwingt die Kinder nicht, zu lange zu lernen und zu studieren (sich geistig abzumühen). **2.** Kinder können nämlich nicht über ein bestimmtes Maß hinaus ihre Anstrengung darauf richten, das Gedächtnis mit Lerngegenständen (Wissenschaften) zu trainieren. **3.** Die meisten Schüler <können> mehr Kräfte zum Lernen aufbieten und alle Stoffe, die gelernt werden müssen, schneller bewältigen, wenn sie in bestimmten Abständen angenehme Freizeit genießen. **4.** Doch Schülern darf nicht zu viel Freizeit zugestanden werden, damit sich nicht in ihren Herzen die Lust am Nichtstun (nichts zu tun) festsetzt (bleibt).

5. Und lasst uns die Kinder mehr mit einer gewissen Liebe unterweisen als durch die Angst vor Pflichten!
6. Es sollen auch die Eltern darauf sehen, dass die Kinder die Regeln (Vorschriften) der Lehrer zu Hause befolgen!

B) 1) Omnibus magistro parendum est. Liberis parentes diligendi sunt. – **2. a)** Pflichten müssen erfüllt werden. **b)** Man muss Pflichten erfüllen. **c)** Pflichten sind zu erfüllen. – **3)** Bei *quidam, quaedam, quoddam* handelt es sich um ein Demonstrativ-Pronomen, das auf eine Person/Sache hinweist, die unbestimmt bleibt. Es wird mit „ein" oder „ein gewisser" übersetzt. – **4)** arcendi; parendum; petendae – **5)** Der Dativus auctoris (Dativ des Urhebers) bezeichnet die Person, die etwas tun muss. – **6)** Das Paragraphenzeichen ist die Abkürzung für „signum sectionis" (Unterteilungszeichen). Die beiden Buchstaben „s" „s" wurden dann über- bzw. ineinander geschrieben. – **7)** Zwölftafelgesetz; Corpus Iuris Iustiniani – **8)** Es genügt nicht, in einem Prozess nur die Version einer einzigen Seite, z. B. des Anklägers, zu hören. Um ein ausgewogenes Urteil zu ermöglichen, muss auch der zweite Beteiligte, also der Angeklagte, gehört werden.

17 Krieg wegen Frauenmangels

1. Die Römer waren sowohl durch die Verwaltung ihres Staates als auch durch die Kunst der Kriegsführung schon so stark, dass sie den benachbarten Städten (Staaten) ebenbürtig waren. **2.** Doch weil den Römern Frauen damals gänzlich fehlten, hat Romulus, wie es scheint, so bei sich überlegt: **3.** „Römisches Blut muss mit dem Blut eines Nachbarstammes vermischt (verbunden) werden." **4.** Deshalb befahl er, in der Meinung, er müsse eine List anwenden, Spiele in der Stadt zu veranstalten (dass ... veranstaltet werden) und Bürger von Nachbarstämmen <dazu> einzuladen (dass ... eingeladen werden). **5.** Tatsächlich kamen viele zum Zuschauen (um zuzuschauen) nach Rom. **6.** Unter ihnen war eine Menge von Sabinern gemeinsam mit <ihren> Kindern und Frauen. **7.** Während jedoch alle gebannt den Spielen zuschauten (mit dem Betrachten der Spiele beschäftigt waren) und alles bewunderten, ließen die römischen jungen Männer (die römische Jugend) die Gelegenheit, die sabinischen Mädchen zu rauben, nicht ungenutzt (verstreichen). **8.** Bald <darauf> ist, wie überliefert wird, ein gewaltiger Krieg zwischen Römern und Sabinern ausgebrochen.

18 Tod eines Erfinders

1. Archimedes, ein Mann von höchster Weisheit und durch <seine> Kunst, Neues (neue Dinge) zu erfinden, hochberühmt, hielt sich in Syrakus auf. **2.** Einmal hätte Marcellus, der Anführer der Römer, als er jene Stadt mit allen Kräften bestürmte, die Sache schnell erledigt, wenn nicht Archimedes den Bewohnern von Syrakus bei der Verteidigung der Stadt Hilfe geleistet hätte durch Erfindung sehr großer Wurfmaschinen. **3.** Und dennoch gelang es ihnen nicht, die Feinde immer von der Stadt abzuhalten. **4.** Nach der Eroberung von Syrakus aber überließ Marcellus seinen Soldaten den Besitz (die Güter) der Bürger zur Plünderung; er befahl ihnen jedoch nachdrücklich: „Archimedes muss verschont bleiben (werden)." **5.** Doch ein (bestimmter) wilder Soldat gehorchte dem Anführer nicht. **6.** Er tötete nämlich Archimedes mit dem Schwert, während dieser <gerade> in den Sand geschriebene Formen betrachtete und diesen Kerl (Menschen) da mit folgenden Worten abzuweisen versuchte: „Zerstöre (verwirre) meine Kreise nicht!" **7.** Marcellus aber ließ Archimedes in einem ehrenvollen Grab bestatten (befahl, dass ... bestattet werde).

19 A) Tod für den Christenglauben

1. Als Sebastian vom Kaiser Diokletian zum Befehlshaber gemacht worden war, genoss er diese Ehrung sehr.
2. Doch einigen Soldaten sagte er, dass er Anhänger der christlichen Religion sei (der ... folge) und immer an deren Opferfeiern (Opfern) teilnehmen werde. **3.** Bald darauf (ein wenig später) hat einer von diesen, da er jenen Befehlshaber – von Neid erfüllt – verachtete, die Gelegenheit, Sebastian zu verraten, nicht ungenutzt gelassen.

4. Dieser hat Diokletian aufgefordert: „Vertraue dem Sebastian nicht! 5. Der verehrt unsere Götter nicht, sondern er pflegt auf der Stirn das Christus-Zeichen (Zeichen von Christus) zu machen (anzubringen).“ 6. Deshalb beschloss der Kaiser, dass Sebastian sterben müsse. 7. So geschah es, dass Sebastian durch Pfeilschüsse (Pfeile) zu Tode kam (umkam). 8. Die Nachfolgenden aber haben von Sebastian Bilder geschaffen, um ihn als Heiligen (wie einen heiligen Menschen) zu verehren.

B) 1) vitia effugienda sunt; hospes despiciendus non est; pecunia reddenda est – 2) Es muss ein Bezugswort haben, mit dem es in Kasus, Numerus und Genus übereinstimmt; es drückt immer einen Vorgang aus, der nach der Handlung des Prädikats abläuft; es drückt eine Absicht aus (finale Sinnrichtung). – 3) concursuri/-ae, auch concursuros/-as; inducturis; praeterituro/-a – 4) fore – 5) PPA: Gleichzeitigkeit; PPP: Vorzeitigkeit; PFA: Nachzeitigkeit – 6) Dargestellt ist Mithras. Ähnlich wie im Christentum trafen sich die Anhänger des Mithraskults zu einem gemeinsamen Mahl; die Geburt Christi wurde wie die Geburt des Mithras am 25. Dezember gefeiert. – 7) Das Symbol des Fisches steht für das griechische Wort für Fisch (ΙΧΘΥΣ) und war ein geheimes Erkennungszeichen der frühen Christen. Die einzelnen Buchstaben stehen für Iesus Christus, Gottes Sohn, Retter.

20 A) Macht des Schicksals

1. Ödipus hatte sich an das Orakel gewandt (war zum Orakel gegangen), um Kenntnis von seinen Eltern zu erhalten (um ... kennenzulernen). 2. Dort hatte er erfahren, dass er den Vater töten und die Mutter heiraten werde. 3. Deshalb erwog (überlegte) er in seinem Herzen: „Diese bösen Taten will ich nicht begehen. Ich muss <meine> Eltern verlassen.“ 4. Ödipus ist folglich, wie berichtet wird, von seiner Heimat weggezogen, um dieses unmenschliche Los zu vermeiden. 5. Doch zufällig reiste Laios, der König der Thebaner, zur gleichen Zeit auf demselben Weg. 6. Als beide zusammentrafen, sagte Laios hochmütig: „Du musst <mir> aus dem Weg gehen (vom Weg weichen)!“ 7. Da schlug Ödipus, von Zorn entbrannt, so auf den alten Mann ein, dass er an seinen Wunden starb. 8. Der aber war sein Vater. So ist ein Teil des Orakelspruches in Erfüllung gegangen (erfüllt worden). 9. Auch Ödipus gelang es nicht, seinem Schicksal zu entkommen.

B) 1) fides; laetitia; nox – 2) servi contempti: Partizip, verachtete Sklaven; oracula consulenda sunt: Gerundivum, Orakel müssen befragt werden; labores conficiendi sunt: Gerundivum, Arbeiten müssen vollendet werden; liberi labores fugientes: Partizip, die vor den Arbeiten fliehenden Kinder – 3) facies ▷ fies; faceret ▷ fieret; facitis ▷ fitis – 4) Er gibt die Person an, die etwas tun muss; die exakte grammatische Bezeichnung lautet Dativus auctoris (Dativ des Urhebers). – 5) Kaiser Konstantin der Große hörte diese Worte vor der Schlacht an der Milvischen Brücke gegen seinen Widersacher Maxentius. – 6) Jede juristische Strafe muss durch ein entsprechendes Gesetz geregelt sein. Man kann also jemanden nicht im Nachhinein aufgrund eines Gesetzes bestrafen, das zum Zeitpunkt der Tat noch gar nicht existierte. – 7) Dargestellt ist der oströmische Kaiser Justinian, der durch die Einführung der Rechtssammlung des Corpus Iuris Iustiniani die Grundlage für alle modernen Rechtsordnungen legte.

21 A) Mord in der Hochzeitsnacht

1. Danaos hatte 50 Töchter und ebenso viele Söhne hatte sein Bruder Aigyptos. 2. Dieser wollte Danaos und seine Töchter töten, um das Königreich des Vaters zu bekommen. 3. Als Danaos davon (von dieser Sache) erfahren hatte, floh er mit Minervas (Athenes) Hilfe nach Argos. 4. Doch Aigyptos schickte, um den Bruder zu verfolgen, <seine> Söhne ebendorthin und trug ihnen auf, Danaos zu töten. 5. Und er drohte, dass er, wenn sie, ohne den Mord ausgeführt zu haben, zurückkehren sollten, sie selbst töten werde. 6. Nachdem aber Danaos erfahren hatte, dass die Söhne des Aigyptos nach Argos gekommen waren, sah er ein, dass er sich ihrer nicht erwehren (sie nicht abhalten) könne. 7. Deshalb gab er ihnen seine Töchter als Frauen. 8. Doch in der Hochzeitsnacht töteten die Töchter auf Befehl des Vaters alle Ehemänner mit einer Ausnahme.

B) **1. a)** Gerundivum-N, mit Form von *esse* verbunden, KNG-Kongruenz mit Subjekt **b)** Gerundium, Verbalsubstantiv im Genitiv, der vom Nominativ *ars* abhängig ist – **2)** z. B. Alliteration (veni, vidi, vici), Asyndeton (Verbindung durch Kommata), Homoioteleuton (veni, vidi, vici), Klimax (Steigerung der Verbbedeutungen: „Höhepunkt“: ich siegte), Trikolon (drei Verben) – **3)** quorundam amicorum; cuidam amicae – **4)** Die Pythia war eine Apollopriesterin im Orakel von Delphi. Sie verkündete schwer verständliche Sprüche, die die Apollopriester in verständliche Weissagungen umformulierten. – **5)** Das Bild schildert die Erscheinung, die Konstantin vor der Schlacht an der Milvischen Brücke hatte. Er ist mit Krone links im Bild dargestellt, wie er die Prophezeiung *In diesem Zeichen wirst du siegen*, verbunden mit einer Vision des Kreuzes (im Bild in der Mitte oben), wahrnimmt. – **6)** A ▷ 1; B ▷ 5; C ▷ 2

22 A) Christen im Römischen Reich

1. In alten Zeiten mussten die Christen ihre Religion verleugnen. **2.** Da nämlich die Christen in der Dunkelheit, um Gott zu verehren, außerhalb der Stadt an bestimmten Orten zusammenzukommen pflegten, glaubten die Römer, dass man ihnen nicht (ver)trauen dürfe. **3.** Nero aber hat, wie überliefert wird, um die Schuld am Brand der Stadt Rom von sich zu weisen, die Christen wegen dieses Verbrechens (dieser Untat) angeklagt. **4.** Auf diese Weise sind, so steht fest, die Bürger, die über den großen Schaden betrübt waren, dazu gebracht (verleitet) worden, sie zu vernichten. **5.** In späteren (den folgenden) Jahren haben mehrere Kaiser durch eine äußerst grausame (unmenschliche) Verfolgung der Christen dafür gesorgt, dass die meisten von ihnen umkamen. **6.** Jeder, der (wer auch immer) zugab, dass er Christ sei oder sein werde, wurde hingerichtet (wurde mit der Todesstrafe belegt). **7.** Doch unter Kaiser Konstantin haben die römischen Soldaten im Zeichen des Kreuzes das Heer des Maxentius (in die Flucht) geschlagen. **8.** Damals ist allen die freie Entscheidung (Möglichkeit), ihrer eigenen Religion zu folgen, zugestanden (gegeben) worden.

B) **1. a)** vorzeitig: Mit dem Infinitiv Perfekt wird von einer Tatsache vor unserer Zeit berichtet. **b)** nachzeitig: Die Handlung der Infinitivkonstruktion (Infinitiv Futur) erfolgt erst nach der Handlung des Hauptverbs. – **2)** gaudes ▷ gavisus/-a eras ▷ gaudebis ▷ gaudebunt – **3)** opinion von *opinio, -onis* „die Meinung“; necessary von *necessarius, -a, -um* „notwendig“; to admire von *admirari* „bewundern“; glory von *gloria, -ae* „der Ruhm“; empire von *imperium, -i* „das Reich“ – **4)** Durch den Sieg Konstantins wurde das Christentum zunächst erlaubt, d. h. aus der Illegalität befreit, und konnte sich so in der Folgezeit zur wichtigsten Religion des Abendlandes entwickeln, die jahrhundertelang die europäische Geschichte mitgeprägt hat. – **5)** z. B. nur Auserwählte nehmen an den kultischen Handlungen teil; Mithras als Erlösergottheit und Herr über Leben und Tod; symbolische Tötung des Stieres als Zeichen des Sieges über das Böse – **6)** Gold: Au; Silber: Ag; Eisen: Fe

23 A) Freude über den verlorenen Sohn

1. Ein (bestimmter) angesehener alter Mann wurde, als er erfahren hatte, dass sein Sohn, der vor vielen Jahren von zu Hause ausgerissen war, zurückkehren werde, von höchster Freude ergriffen. **2.** Sofort sagte er zu einigen Sklaven: „Ihr müsst zwar immer viele Pflichten erledigen. **3.** Aber heute müssen alle die Gelegenheit, ein Fest zu feiern, wahrnehmen. Wir dürfen nicht zögern. **4.** An eben diesem Tage werde ich alle Freunde zum besten Mahl einladen. **5.** Jeder einzelne soll bereit sein zum Empfang meines Sohnes! Alle sollen Freude in ihrem Herzen (in ihrer Brust) haben!“ **6.** Dann liefen alle zusammen, um den zurückkehrenden Sohn zu sehen. **7.** Der Vater aber sagte zu ihm nach seiner Rückkehr: „<Meinen> verlorenen Sohn habe ich wiedergefunden! **8.** Nun hoffe ich, dass niemand dich in Zukunft (später) wiederum zu einer solch schlimmen Tat verleiten wird.“

B) **1)** Leges servandae sunt. Praecepta neglegenda non sunt. Domino parendum est. Officia explenda sunt. – **2)** venire ▷ venturum esse; esse ▷ fore/futuram esse – **3)** interierunt; persecutus/-a sit; gavisus/-a es; contempsistis – **4)** Beispielsweise verfügte Kaiser Konstantin im Jahr 313, dass Christen nicht mehr verfolgt werden dürfen, d. h. dass diese Religion, wie andere auch, toleriert wird und die Religionsausübung erlaubt ist. – **5)** Mit dem Begriff „zweites Rom" wird die Stadt Konstantinopel bzw. Byzanz bezeichnet, da nach der Teilung des Römischen Reichs und dem Untergang des Weströmischen Reichs Konstantinopel gleichsam die Nachfolge des „ersten", also des eigentlichen Rom, angetreten hatte. – **6)** Am 25.12.800 fand die Kaiserkrönung Karls des Großen im Petersdom von Rom statt. Damit war Karl der Große zum Nachfolger der antiken Kaiser geworden und das Reich der Karolinger symbolisch an die Stelle des alten römischen Imperiums getreten.

24 Der Fluch des Goldes

1. König Midas hatte dem Gott Liber (Bacchus) einen (bestimmten) Gefallen (eine bestimmte Wohltat) erwiesen. **2.** Deswegen gab der Gott Midas die Möglichkeit zu wünschen, dass er, was immer er wolle, vom ihm erreiche. **3.** Also verlangte der König, dass alles, was er berührt habe, zu Gold werde. **4.** Als er dies erreicht hatte, wurde tatsächlich, was immer er berührt hatte, zu Gold. **5.** Doch dieses göttliche Geschenk war für ihn nicht von Vorteil; denn er konnte weder den goldenen Wein trinken noch die goldene Speise genießen. **6.** Deshalb glaubte er, dass er bald zugrunde gehen werde. Er verachtete sein Glück. **7.** Sogleich wandte er sich wiederum an Liber (Bacchus), um dies zu verlangen: „Dieses goldene Geschenk da muss mir wieder genommen (entzogen) werden." **8.** Der Gott jedoch befahl: „Du musst im Fluss Patulus deinen Körper abwaschen." **9.** Nachdem sein Körper das Wasser berührt hatte, wurde es auf dieselbe Weise zu Gold. **10.** Doch Midas ist von seinem elenden Schicksal befreit worden.

25 Solon als Gesetzgeber

1. Da die Athener der Meinung waren, die sehr harten Gesetze Drakons müssten abgeschafft werden, machten sie Solon zum Führer des Staates. **2.** Denn sie glaubten, dass dieser von einem hochadeligen Geschlecht abstammende Mann dieses Amt am besten ausfüllen werde. **3.** Solon aber war überzeugt, dass er dadurch, dass er neue Gesetze verfasste (durch das Verfassen neuer Gesetze), viele Bürger aufregen, viele erfreuen werde. **4.** Er dachte nämlich bei sich: „Was immer ich für den einen Teil mache, <das> wird sicherlich dem anderen Teil nicht gefallen." **5.** Doch es gelang ihm, dass alle einsahen, dass die neuen Gesetze, die von ihm mit höchster Klugheit verfasst worden waren, für den Staat der Athener heilsam (zu seinem Wohl) waren. **6.** Nach dem Erlass der Gesetze aber verließ Solon die Stadt. **7.** Vorher waren die Bürger dazu aufgefordert worden zu schwören, dass sie die Gesetze nicht abändern würden, bis er zurückkehre. **8.** Doch er kehrte nicht früher als nach zehn Jahren zurück. **9.** Da inzwischen Eintracht unter den Bürgern hergestellt war, war der Staat wieder in Ordnung gebracht (wiederhergestellt worden).

26 Drachenkampf

1. Der heilige Georg gelangte einmal zu einem See, wo er ein gefesseltes Mädchen weinen sah. **2.** Als er sie erblickt hatte, fragte er, warum sie weine. **3.** Und jene <sagte>: „Guter junger Mann, besteige schnell dein Pferd und fliehe, damit du nicht mit mir stirbst!" **4.** Ihr <antwortete> Georg: „Du sollst ohne Angst (nicht ängstlich) sein, sondern sag mir, warum du hier stirbst, während das ganze Volk zuschaut!" **5.** Darauf erklärte jene <ihm>: „Ein grausamer Drache lebt in diesem See, voller Gier, alle zu töten. **6.** Täglich opfern (geben) die Bürger dem Drachen je einen Sohn und je eine Tochter, um seinen Angriff zu verhindern." **7.** Darauf Georg: „Du brauchst dich nicht zu fürchten. Ich verspreche, dass ich dich mit Gottes Hilfe (da Gott hilft) retten werde." **8.** Während er dies sprach, reckte (hob) der Drache seinen Kopf aus dem See. **9.** Sofort bestieg Georg sein Pferd und machte tapfer einen Angriff auf den Drachen, als dieser auf ihn losging (ihn angriff). **10.** Bald hat er das Ungeheuer, wenn es auch auf schreckliche Weise wütete, vernichtet.

27 **A) Endlich Glaubensfreiheit**

1. Kaiser Konstantin war, obwohl er als junger Mann den Lehren der christlichen Religion nicht folgte, doch schließlich den Christen von großem Nutzen. **2.** Denn als er mit Maxentius Krieg führte, befürchtete er, von diesem besiegt zu werden, weil dieser mehr Streitkräfte hatte. **3.** Und er wäre verzweifelt, wenn er nicht im Schlaf (schlafend) ein am Himmel leuchtendes Kreuz gesehen hätte, auf dem folgende (diese) Worte geschrieben waren: „In diesem Zeichen wirst du siegen." **4.** Deshalb hat er alle seine Truppen mit diesem Zeichen ausgestattet. **5.** Tatsächlich eroberten seine Soldaten die Stadt Rom und schlugen das Heer des Maxentius in die Flucht. **6.** Darauf ist bekanntlich (wie bekannt ist) Konstantin mit höchster Begeisterung (Freude) in die Stadt aufgenommen worden. **7.** Nachdem er aber den Sieg errungen hatte (nach dem Sieg aber), versprach der Kaiser, dass er allen Bürgern die Freiheit, der christlichen Religion anzugehören (zu folgen), geben werde.

B) 1) convocato; confectis; audientibus – **2)** improbus, -a, -um; antiquus, -a, -um; prudens – **3. a)** nachzeitig: Die Handlung der Infinitivkonstruktion (Infinitiv Futur) erfolgt nach derjenigen des Prädikats. **b)** gleichzeitig: Die Handlungen von Infinitiv (Infinitiv Präsens) und Prädikat sind zeitgleich gedacht. – **4)** Karl der Große lässt sich wie ein römischer Kaiser darstellen, um deutlich zu machen, dass er als Frankenherrscher der rechtmäßige Nachfolger der antiken Kaiser ist. – **5)** z. B. Trikolon, Asyndeton, Klimax. Damit unterstreicht Cicero die Eindringlichkeit seiner Aussage; der Zuhörer soll mitgerissen werden. – **6)** Konstantinopel entwickelte sich nach seiner Gründung *330 n. Chr.* rasch zur Hauptstadt des Oströmischen Reiches. Zahlreiche Bauten, wie die *Hagia Sophia*, damals die größte Kirche der Christenheit, demonstrierten die Unabhängigkeit von Rom. Aber auch im Bereich des Glaubens ging man eigene Wege: Es bildete sich die *(griechisch-)orthodoxe* Kirche, die die Vorrangstellung des Papstes in Rom nicht mehr anerkannte.

28 **A) Krieg für eine Frau**

1. Wir lesen, dass es Paris gelungen ist, Helena (das Herz Helenas) in ungeheurer Liebe zu ihm zu entflammen. **2.** Er überredete die Gemahlin des Menelaos auch, nachts zusammen mit ihm nach Troia zu segeln (dass sie ... segelte). **3.** Als jener aber gemerkt hatte, wie er vom Gast aus Troia getäuscht und beleidigt worden war, entschied er, keine Zeit verlieren zu dürfen. **4.** Sogleich rief er einige Fürsten (führende Männer) aus ganz Griechenland zusammen und forderte sie dann mit folgenden Worten auf (forderte er einige aus ganz Griechenland zusammengerufene Fürsten ... auf): **5.** „Dieser junge Mann da muss von uns die gerechte Strafe erleiden (mit der ... belegt werden). **6.** Wollen wir <also> aufbrechen, um Troia zu bekriegen (mit Krieg anzugreifen) und um Helena zurückzuholen! **7.** Ja, diese Stadt muss sogar gleichsam wie das Unheil (Verderben) des ganzen Erdkreises ausgelöscht werden, damit dieses schreckliche Verbrechen da gerächt wird."

B) 1) complendo: durch das Anfüllen/Erfüllen; conservandi: des Bewahrens; concurrendo: durch das Zusammenlaufen – **2. a)** Obsidibus liberatis Romani hostes vicerunt. **b)** Magno periculo instante Romani ludos celebraverunt. – **3)** inclusive: includere „einschließen"; trist: tristis, -is, -e „traurig"; komplett: complere „an-/erfüllen, vollenden"; (renovieren: renovare „erneuern") – **4)** z. B.: Carmina Burana: Sammlung von 228 lateinischen, mittelhochdeutschen und altfranzösischen Liedern aus dem 13. Jahrhundert; nach ihrem Fundort, dem Kloster Benediktbeuern, benannt; vom Komponisten Carl Orff vertont und 1939 uraufgeführt – **5)** Abgebildet ist der heilige Georg. Die Frau ist die Tochter des Königs, die zur Besänftigung des Drachens diesem geopfert werden sollte, aber von Georg gerettet wird. Sie führt den Drachen an ihrem Gürtel. – **6)** Der Buchdruck ermöglichte die massenhafte Verbreitung von schriftstellerischen Werken. Damit konnten Neuerungen und Ideen in ganz Europa schnell verbreitet werden.

29 A) Aufbruch in eine neue Welt

1. Kolumbus hatte schon als junger Mann, obwohl viele dies bezweifelten, dennoch den festen Glauben (er vertraute darauf), dass er über (durch) das Atlantische Meer in westlicher Richtung (zur untergehenden Sonne hin) nach Indien segeln könne. **2.** Deshalb dachte er darüber nach, wer dazu bereit sei, ihm zu helfen, diese Reise zu machen (zur Durchführung dieser Reise). **3.** Zunächst freilich versuchte er vergeblich, das Königspaar (die Könige) jener Zeit dafür zu gewinnen (zu überreden), dass sie ihm das nötige Geld zur Verfügung stellten (gaben). **4.** Aber als Kolumbus versprach, dass er von seiner Reise große Schätze mit nach Hause zurückbringen werde, bot ihm der König von Spanien aus Verlangen nach diesem Reichtum (von der Begierde nach diesen Schätzen geleitet) <seine> Hilfe an. **5.** Einige Jahre später ist jener, nachdem er drei Schiffe ausgerüstet hatte (nachdem drei Schiffe ausgerüstet worden waren), vom Hafen aufgebrochen, um unter Gottes Führung einen neuen Seeweg zu suchen. **6.** Und tatsächlich gelang es Kolumbus bald, ein bis dahin unbekanntes Land zu entdecken (dass er ... entdeckte).

B) 1) Officia complenda sunt. Amicus iuvandus est. – **2)** Nemini parcetur. Servis parendum erat. Nihil tuae maiestati decedit. – **3)** polliceor ▷ pollicebor ▷ pollicebimini ▷ pollicebamini ▷ polliceremini – **4. a)** Hyperbaton; **b)** Alliteration; **c)** Chiasmus – **5)** Amerika leitet sich vom italienischen Seefahrer Amerigo Vespucci ab; den neuen Kontinent nannten die Europäer *mundus novus*. – **6)** Die Europäer sehen sich als siegreiche Eroberer (Rüstungen, Waffen), die das Christentum (Errichtung des Kreuzes, links im Bild) bringen. Die Ureinwohner werden als halbnackte „Wilde" dargestellt, die zunächst erschreckt fliehen (Hintergrund rechts), dann aber den Neuankömmlingen wertvolle Geschenke machen (Vordergrund rechts). – **7)** Freiheit, Gleichheit, Brüderlichkeit

30 Auszug aus Ägypten

1. Einst ist dem König der Ägypter gemeldet worden, dass das heilige Volk der Israeliten aus dem Land geflohen sei. **2.** Als jedoch ein Heer, um sie zu verfolgen, <ihnen> <nach>geschickt worden war, fand es die Israeliten in einem nahe dem Meer gelegenen Lager. **3.** Als diese die Ägypter hinter sich erblickten, wurden sie in höchste Panik versetzt (von großer Furcht völlig verwirrt); deshalb sagten sie zu Moses: **4.** „Wolltest du uns nicht aus Ägypten führen? Was für ein Unglück! Es wäre (war) gewiss besser, den Ägyptern immer Sklavendienste zu leisten (zu dienen) als zu sterben." **5.** Doch Moses antwortete gewissermaßen freudig erregt (von einer gewissen Freude bewegt): „Fürchtet euch nicht! Der Herr hat gesagt, dass er euch allen die Rettung bringen werde." **6.** Als Moses schließlich nur die Hände ausgestreckt hatte, drängte der Herr das Meer zurück und das Wasser teilte sich (wurde geteilt). **7.** Und das Volk zog durch das Meer weiter. **8.** Dieses schloss gleichzeitig die <sie> verfolgenden Ägypter so ein, dass sie alle zugrunde gingen.

31 Kolumbus' Aufbruch nach Indien

1. Vom Verlangen, nach Indien zu fahren, veranlasst, ging (wandte sich) Christoph Kolumbus zum (an das) Königspaar Ferdinand und Isabella. **2.** Diesen schlug er seinen Plan vor und versprach ihnen, dass er die Indien benachbarten Inseln und dort eine unglaubliche Menge Gold finden werde. **3.** Das Königspaar (die Könige) aber zeigte(n) sich überaus großzügig. **4.** Nachdem ihm so aus der königlichen Staatskasse drei Schiffe zur Verfügung gestellt (gewährt) worden waren, begann Kolumbus seine kühne Reise zu unternehmen, deren Ausgang ungewiss war. **5.** Aber nachdem Kolumbus 33 Tage in Richtung Westen gefahren war (der untergehenden Sonne gefolgt war), merkte er, dass auf dem Schiff irgendetwas Schlimmes vorging. **6.** Zunächst murrten die ängstlichen Seeleute im Geheimen, dann dachten sie, als ihre feindselige Gesinnung offenkundig geworden war, an die Ermordung ihres Anführers. **7.** Sie forderten, dass sie zurückgebracht (zurückgeschickt) würden. **8.** Kolumbus aber hat, indem er sich mit ihnen offen aussprach, die Quelle des Hasses beseitigt und sich mit ihnen wiederum versöhnt.

32 Alexander der Große versucht, seine murrenden Soldaten neu zu motivieren

1. In Indien hielt Alexander, als die erschöpften Soldaten nicht mehr weiter nach Osten ziehen (den Marsch nach Osten nicht weitermachen) wollten, ungefähr folgende Rede: **2.** „Als wir durch den Hellespont segelten, hatte ich, um Asien zu erobern (zur Eroberung Asiens), nur eine äußerst geringe Anzahl von Soldaten. **3.** Nun folgen uns die Skythen und andere Völker; doch ich habe zu jener Menge kein Vertrauen (ich vertraue jener Menge nicht). **4.** Ich will aber, meine Hoffnung auf eure Tapferkeit setzend, an der Front (in der Schlacht) stehen und die schrecklichen Feinde besiegen. **5.** Wir sind auch nicht am Anfang der Arbeiten und Anstrengungen, sondern bereits an <ihrem> Ende. **6.** Wenn ich diese Gebiete in meine Gewalt gebracht habe, dann bin ich mir sicher, dass wir als Sieger in unsere Heimat zurückkehren werden. **7.** Deshalb bitte ich euch, mich nicht im Stich zu lassen (dass ihr nicht ... lasst) und mich nicht diesen Völkern preiszugeben (auszuliefern), deren Namen ihr fürchtet. **8.** Ich freilich will (werde) entweder den Sieg erringen, an dem ihr verzweifelt, oder mich einem ehren[illegible]usliefern!“

Eureka
Web
INTERNET CAFÉ

CURSUS

Prüfungstraining 3
Lösungen

Oldenbourg
C.C.Buchner
Lindauer

Erläuterungen zu den Lösungen der Übersetzungen:

( ) kennzeichnet eine wörtliche Übersetzung.

< > kennzeichnet eine Hinzufügung für eine freiere Übersetzung.

Bewertungsschlüssel für den Aufgabenteil:

BE	Note im Aufgabenteil
18–16	1
15–13	2
12–10	3
9–7	4
6–4	5
3–0	6

Vorwort

Liebe Schülerinnen und Schüler!

Ein bekanntes Sprichwort aus der Antike lautet: „Die Götter haben vor den Erfolg den Schweiß gesetzt."

Das meint: Wenn man bei der Arbeit oder im Sport ein gutes Ergebnis erzielen will, muss man sich vorher gehörig anstrengen. Das gilt für den Körper ebenso wie für den Geist. Beim einen muss man Kraft, Schnelligkeit und Ausdauer trainieren, beim anderen Kenntnisse, Genauigkeit und Kombinationsfähigkeit.

Prüfungen sind z. B. solche „Wettkämpfe", wo sich eure Fähigkeiten bewähren sollen. Und da ihr dabei sicher erfolgreich sein wollt, bereitet ihr euch durch Wiederholung und Übung intensiv darauf vor. Man kann diese Vorbereitung auch ganz gezielt gestalten.
Wie ein Astronaut vor dem ersten Weltraumflug im Simulator die Anforderungen des Ernstfalls trainiert, so habt ihr im vorliegenden „Prüfungstraining" die Möglichkeit, den Ernstfall der Prüfung zu simulieren, d. h. ihr könnt euch, was Form und Schwierigkeitsgrad der Lateinprüfung (Schulaufgabe/Klassenarbeit) anbelangt, gezielt vorbereiten und euren Wissensstand selbst testen. Denn die Aufgaben sind jeweils genau auf die Lektionsstoffe des CURSUS in Wortschatz, Grammatik und Sachteil abgestimmt. Für jede der vier Unterrichtsphasen sind jeweils acht Prüfungsaufgaben vorhanden – also genügend Gelegenheiten zum Trainieren.

Zu einem gut geplanten Trainingsprogramm gehört es, dass man sich für die Trainingseinheit eine Zeitgrenze setzt. Dabei sollten euch pro Einheit 40 bis 45 Minuten ausreichen. Wenn ihr diesen Zeitrahmen bei jeder Trainingseinheit einhaltet, bekommt ihr auch ein Gefühl für das richtige „Zeitmanagement" während der Prüfung.

Die Trainingseinheiten bestehen entweder aus einer reinen Übersetzung oder aus einem Übersetzungs- und einem Aufgabenteil, wobei der Aufgabenteil in die drei Bereiche *Sprache*, *Grundwissen* und *Antike Kultur* unterteilt ist. Dies soll euch zur besseren Orientierung innerhalb des Aufgabenteils dienen, außerdem könnt ihr so die gesamte Bandbreite eurer Lateinkenntnisse überprüfen. Für die Bearbeitung des Aufgabenteils solltet ihr etwa ein Viertel bis ein Drittel der gesamten Zeit, also ca. 10–15 Min., einplanen.

Die Lösungen zu den einzelnen Aufgaben findet ihr ebenso wie die deutschen Übersetzungen der lateinischen Texte im beigelegten Lösungsteil. Er soll euch zur Kontrolle eurer Arbeitsergebnisse dienen, aber auch dazu, eventuell vorhandene Wissenslücken zu beseitigen. Schreibt euch z. B. alle Vokabeln, die ihr nicht gewusst habt, mit allen Bedeutungen in einer Liste zusammen oder erstellt eine „Grammatik-Checkliste" mit allen Formen, Konstruktionen etc., bei denen ihr Wissenslücken oder auch nur Unsicherheiten bemerkt habt, und arbeitet sie mithilfe eures Buches und der Grammatik noch einmal gründlich durch. Auf diese Weise könnt ihr euren Trainingsplan optimieren und seid dann, wenn es darauf ankommt, fit für jede Prüfung.

Übrigens: Wenn ihr wissen wollt, mit welcher Note in etwa ihr die einzelne Trainingseinheit abgeschlossen habt, könnt ihr auf der Tabelle, die am Beginn des Lösungsteils aufgeführt ist, nachschauen.

Viel Erfolg bei der Arbeit in eurem „Latein-Trainingslager" wünschen euch

die Verfasser.

1 Übersetzung (ohne Zusatzaufgabe) bis Lektion 40

Wettstreit in Olympia

1. Proficiscamur Olympiam[1]! Olympia[1] enim clarissimus locus Graeciae fuisse traditur.
2. Eo temporibus veterrimis iuvenes certandi causa convenerunt.
3. Athletae[!] enim contenderunt se meliores praebere ceteris.
4. Unusquisque eorum vincendo sibi gloriam atque praemium parare conatus est.
5. Sed ludis Olympiis[2] tum etiam poetae[!] et philosophi[!] interfuisse dicuntur.
6. Poetae[!] arte carmina componendi et canendi id egerunt, ut a spectantibus maxime celebrarentur.
7. Plurimis eorum contigit, ut domi aut a civibus aut a regibus pecuniam acciperent.
8. Philosophi[!] vero artem cogitandi et dicendi praestantes neque honoribus neque pecuniae studuisse videntur.
9. Ei, ut Pythagoras dixit, tantum cognoscendi causa res naturae contemplari solebant.
10. Quicumque Olympiae[1] de victoria certaverunt, eos Graeci quasi deos admirati sunt. 104 LW

*1) **Olympia, -ae:** Olympia* (Stätte der Olympischen Spiele) *2) **Olympius, -a, -um:** olympisch*

2 Übersetzung (ohne Zusatzaufgabe) bis Lektion 40

Beim Ausbruch des Vesuv

1. Avunculus[1] Gaium Plinium[2] hortatus est, ut secum id spectaculum amplum contemplaretur.
2. Adulescens autem occasionem in mare proficiscendi reppulisse fertur, quod cupidus tempus in studiis consumendi domo egredi noluit.
3. Postquam avunculus[1], qui audacior ceteris erat, nihil verens navem e portu e-duxit, nautae clamaverunt se ne proelio navali[3] quidem tantum periculum expertos esse.
4. Paulatim cinis ater villas texit; tum mater cum Gaio sic loqui conata est:
5. „Cunctari videris. Mox tibi nulla facultas fugiendi erit.
6. Ego hic bene moriar. Tu vero consume reliquum tempus ad fugam!“
7. Gaius iratus hoc respondisse dicitur:
8. „Ceteros in campum procedentes non sequar nisi una tecum!“ 97 LW

*1) **avunculus, -i:** Onkel 2) **Gaius Plinius Secundus:*** lateinischer Autor vor allem von Briefen

*3) **navalis, -is, -e:** zum Schiff gehörig, Schiffs-/See-*

3 A) Übersetzung

bis Lektion 39

Als Dritter im Bunde

1. Damon, vir fortissimus, Dionysium tyrannum[!] necare conatus est.
2. Sed custodibus contigit, ut eum caperent. Eum mortem pati necesse erat.
3. Priusquam autem supplicio afficeretur, tyrannus[!] ei permisit, ut domi sororem suam collocaret[1].
4. Amicus enim promiserat: „Pro eo moriar, nisi die constituto aderit."
5. Et Damon quam celerrime profectus tamen a tot periculis prohibitus est, ut vereretur, ut ad tempus rediret.
6. Iam Dionysius amicum interficere parabat, cum Damon tandem apparuit.
7. Quam fidem tyrannus[!] ita admiratus esse dicitur, ut duos illos viros oravit, ut se ipsum tertium[2] in amicitiam reciperent. 86 LW

*1) **collocare** (hier): verheiraten 2) **tertium**: als Dritten*

B) Aufgabenteil

Sprache

1. Setze die korrekten Steigerungsformen in die leeren Felder der Tabelle ein. 4 BE

Positiv	Komparativ	Superlativ
▷	sanctior	▷
bonus	▷	▷

2. a) Erkläre mithilfe deiner Grammatikkenntnisse, warum es sich bei der Form *conare* nicht um einen Infinitiv handeln kann. 2 BE

____

b) Gib an, um welche Form es sich tatsächlich handelt, und übersetze sie. 2 BE

____

3. Erkläre, was der Infinitiv Präsens und was der Infinitiv Perfekt bei einem NcI angibt. 2 BE

____

Grundwissen

4. Wie lautet das lateinische Motto der Olympischen Spiele? Gib es vollständig an. 3 BE

__________ __________ __________

Antike Kultur

5. Inschriften wie diese findet man auf zahllosen christlichen Grabsteinen.
   a) Schreibe die Abkürzung in ihrer vollen lateinischen Form aus.
   b) Dann übersetze sie. 3 BE

a) ____________ ____________ ____________

b) ____________ ____________ ____________

6. Der Philosoph Sokrates wurde nach eigenen Angaben von einer „inneren Stimme“ geleitet. Wie bezeichnete er sie und welche Funktion hatte sie für ihn? 2 BE

____

Gesamt: 18 BE

4 A) Übersetzung

bis Lektion 39

Einsatz für die Heimatstadt

1. Archimedes studiis suis semper etiam patriae affuisse dicitur.
2. Aliquando, cum Romani Syracusis[1], patria eius, potiri conarentur, magna tormenta[2] molitus est, quibus hostes ab oppido prohiberi poterant.
3. Et profecto effecit, ut Syracusani[3] malum urbis casum diu morarentur.
4. Neque tamen Archimedi contigit, ut patria semper ab impetu hostium defenderetur.
5. Romani enim urbem expugnaverunt neque umquam hinc profecti sunt.
6. Sed Archimedes non frustra vixit, quod sibi maximam gloriam paravit.
7. Nam eum sanguinem suum pro patria fudisse apparet.
8. Gladio enim militis Romani tum mortuus est. 81 LW

1) ***Syracusae, -arum****: Syrakus* (Stadt auf Sizilien) *2)* ***tormentum, -i****: Wurfmaschine*

3) ***Syracusani, -orum****: Bewohner von Syrakus*

B) Aufgabenteil

Sprache

1. *Caesar vere dixisse dicitur.* Du hast drei verschiedene Möglichkeiten, diesen Satz ins Deutsche zu übersetzen. Wende sie an und schreibe sie auf. 3 BE

a) ____

b) ____

c) ____

2. Erläutere kurz, was Deponentien ihrer Bezeichnung nach „abgelegt" haben. 2 BE

3. Wähle aus den folgenden Adjektiven das passende aus und schreibe davon die richtigen Steigerungsformen unter die jeweiligen Bilder. 3 BE

pulchri – multi – lati – boni

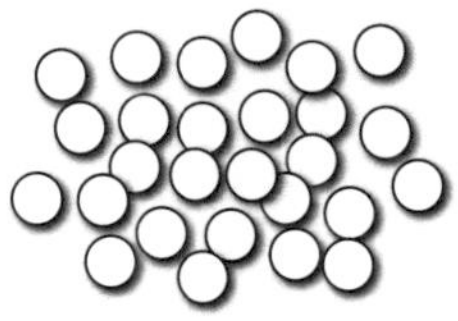

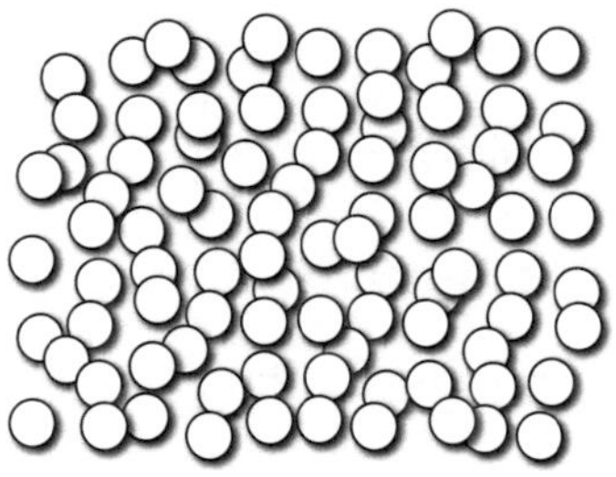

4. Gib an, um welchen Kasus und welche Kasusfunktion es sich bei dem unterstrichenen Substantiv handelt. Wie lautet also die Übersetzung des Satzes? 2 BE

Achilles fortior <u>Hectore</u> fuit.

Grundwissen

5. Innerhalb eines Satzes nehmen der AcI und der NcI die Stelle von Satzgliedern ein. Welche Satzglieder können das jeweils sein? 3 BE

AcI = ______________________

NcI = ______________________

Antike Kultur

6. Erläutere kurz, weshalb die Anklage gegen Sokrates so schwer wog, dass es für ihn um Leben oder Tod ging. 2 BE

7. Erkläre in knappen Worten, worin die wichtigsten Unterschiede zwischen den Olympischen Spielen der Antike und der Neuzeit liegen. Drei Gesichtspunkte genügen. 3 BE

____

____

Gesamt: 18 BE

5 A) Übersetzung

bis Lektion 39

„Ich hab's gefunden!“

1. Hiero[1] Archimedi: „Puto“, inquit, „me ab aurifico[2] deceptum esse.
2. Vereor enim, ne coronae aureae, quam ille molitus est, argentum additum sit.
3. Hortor te, ut de ea re cogites atque coronam diligentissime contempleris.“
4. Paucis diebus post Archimedes maxime cogitans de ea re in balneum[3] profectus est.
5. Ibi semper cogitans in solium[4] descendit.
6. Subito animadvertit tantum aquae e solio[4] effluere[5], quantum corporis sui in solio[4] in-sedit.
7. Archimedes gaudio permotus e balneo[3] properavit et nudus domum currens magna voce rem fortunam habuisse nuntiavit.
8. Neque desiit Graece clamare: „Heureka!“

85 LW

*1) **Hiero, -onis:** Hieron* (griech. Tyrann) *2) **aurificus, -i:** Goldschmied 3) **balneum, -i:*** (öffentliches) *Bad*
*4) **solium, -i:** Wanne 5) **effluere:** herausfließen*

B) Aufgabenteil

SPRACHE

1. Formencheck: Verwandle die folgenden Verbformen jeweils in das angegebene Tempus. 3 BE

potimini	▷ Perfekt	▷
veriti sint	▷ Präsens	▷
hortatus es	▷ Futur I	▷

2. Chamäleon *quam*: Gib für jede Wendung mit *quam* die richtige Übersetzung. 3 BE

a) Amicam, QUAM vidi ... ____________________

b) QUAM plurimi adfuerunt. ____________________

c) Venus pulchrior QUAM Minerva est. ____________________

3. Verwandle den folgenden Satz mit AcI-Konstruktion in einen Satz mit NcI-Konstruktion. 4 BE

Thalem philosophum[!] praeclarum fuisse dicunt.

____

▷ Grundwissen

4. Skizziere in knappen Worten, weshalb Sokrates für die Geschichte der Philosophie von so entscheidender Bedeutung ist. 3 BE

____

____

____

▷ Antike Kultur

5. Suche aus dem folgenden Text drei Wörter heraus, die auf lateinische Wurzeln zurückzuführen sind, und gib jeweils das lateinische Wort mit dessen deutscher Bedeutung an. 3 BE

> Frustriert blickte der Experte auf die neuesten Zahlen vom Arbeitsmarkt.
> Hier konnte auch der größte Optimist nichts Positives mehr herauslesen.

__________ ▷ __________

__________ ▷ __________

__________ ▷ __________

6. „Gib mir einen Standpunkt außerhalb der Erde, und ich will sie bewegen."
Von wem stammt dieser Satz? Erläutere kurz, wie er zu verstehen ist. 2 BE

____

____

____

Gesamt:
18 BE

6 A) Übersetzung

bis Lektion 40

Germanische Sitten

1. Germani agriculturae[1] non student.
2. Principes enim in singulos annos gentibus agros tribuunt, ut eos colant.
3. Anno post eas in alios fines proficisci cogunt.
4. Qua re id student, ne studium gerendi bellum minuatur, ne latos fines sibi parare conentur, ne cupiditas habendi erumpat.
5. Civitatibus maxima laus est quam latissime circum se vastando fines solitudines[2] habere.
6. Nam arbitrantur se ea re tutiores esse.
7. Latrocinia[3] extra[4] fines suos faciunt. Quae omnibus summae laudi sunt.
8. Germanorum iuvenes exercendi causa ea facere traduntur.
9. Hospites autem repellere eis nefas esse videtur. 84 LW

*1) **agricultura, -ae**: Ackerbau 2) **solitudines, -um**: Öde und Einsamheit 3) **latrocinium, -i**: Raubzug*

*4) **extra*** (m. Akk.)*: außerhalb*

B) Aufgabenteil

Sprache

1. Suche aus den folgenden Formen die Gerundiumformen heraus und übersetze sie. 3 BE

   diligenti – procedendi – proinde – ad precandum – repente – videntem – augendo

   ____

   ____

2. Sprachbeherrschung im Deutschen: Gib die lateinischen Wendungen jeweils mit einem deutschen Wort wieder. 3 BE

   modus vivendi ▷ ______________________________

   tempus dicendi ▷ ______________________________

   ars narrandi ▷ ______________________________

3. Gib die folgenden Formen von *dicere* mit den entsprechenden Formen von *loqui* wieder. 4 BE

   dicis ▷ ____________ **dixistis** ▷ ____________

   diceret ▷ ____________ **dicemus** ▷ ____________

4. Verwandle die folgenden Superlativformen jeweils in den Komparativ. 2 BE

optimis ▷ ______________ **maximum** ▷ ______________

▷ Grundwissen

5. Erkläre mithilfe deiner Grammatikkenntnisse, weshalb man das Gerundium auch als ein „Verbalsubstantiv“ bezeichnet. 2 BE

____

____

____

▷ Antike Kultur

6. Erkläre kurz, weshalb sich in Pompeji viele Alltagsgegenstände bis heute fast perfekt erhalten haben. 2 BE

____

____

7. Erläutere kurz die Gründe, weshalb Napoleon als Zeichen seiner militärischen Erfolge den Arc de triomphe in der Form eines Triumphbogens errichten ließ. 2 BE

____

____

____

____

____

____

____

Gesamt: 18 BE

7 A) Übersetzung

bis Lektion 41

Durchhalten!

1. Oppido diu ab hostibus oppugnato unus e civibus sic locutus est:
2. „Vos arbitramini nos frustra multum temporis in exspectando et sperando consumpsisse.
3. Faciamus ergo eruptionem[1]?
4. At deliberate: Quicumque eruptionem[1] facere audent, fortes quidem esse videntur, sed stultissimi sunt.
5. Nam Romani, quorum copiae ingentes sunt, certe gaudeant, si ipsi nos morti offeramus.
6. Itaque precor vos, ut labores perferatis, dum amici vobis auxilio veniant.
7. Una cum eis continget vobis, ut Romanos repellatis.
8. Vereor enim, ne Romani semper in Gallia morari velint.
9. Nam pacandi causa alienas terras intrare solent.“ 84 LW

*1) **eruptio, -onis**: Ausbruch*

B) Aufgabenteil

Sprache

1. Konjunktiv-Kompetenz im Dreischritt:
   ❶ Gib an, um welche Sinnrichtung des Konjunktivs im Hauptsatz es sich bei den folgenden Sätzen handelt.
   ❷ Begründe deine Entscheidung grammatikalisch (z. B. Jussiv, da die Aussage als Befehl – meist an die 3. P. Sg. / Pl. – formuliert ist).
   Übersetze die Sätze mit der entsprechenden deutschen Umschreibung. 6 BE

	Sinnrichtung	Begründung	Deutsche Wiedergabe
Quid faciam?			
Abeamus!			

2. Erläutere an einem selbst gewählten lateinischen Beispiel, was mit einem Potentialis ausgedrückt werden soll. 2 BE

____

____

3. Setze folgende Infinitive in den Genitiv. 2 BE

fingere ▷ ____________________ ire ▷ ____________________

Grundwissen

4. Erläutere in knappen Worten, was ein Genitiv der Teilung bezeichnet. 2 BE

____

____

Antike Kultur

5. Erkläre die Bedeutung der folgenden Fremdwörter. Beziehe dabei die zugrunde liegenden lateinischen Verben mit ein. 4 BE

Fiktion = ______________________________________

____

Tutor = ______________________________________

____

6. Ordne die beiden Theatermasken je einer Form des antiken Dramas zu und begründe kurz deine Entscheidung. 2 BE

____

____

____

____

____

Gesamt: 18 BE

8 A) Übersetzung

bis Lektion 41

„Amphitryon" – Merkurs Einführung in die Komödie

1. „Salvi sitis, spectatores[1]! Mihi nomen est Mercurius. Iove, patre meo, auctore huc veni. Audiamus nunc fabulam!
2. Hoc est oppidum Thebae[2]. Ibi habitant Amphitryon et Alcmena[3] uxor, quae eum valde amat.
3. Amphitryon autem legionibus praeest, cum populus Thebanus[4] cum hostibus bellum gerat.
4. Priusquam Amphitryon in bellum profectus est, Alcmenam dulci cum amore complexus est.
5. Utinam patriam servet et incolumis domum redeat!
6. Iuppiter vero maximus amator[5] est. Itaque pater meus Alcmenam clam[6] amans se in Amphitryonem mutavit." 76 LW

1) ***spectator, -oris****: Zuschauer 2)* ***Thebae, -arum****: Theben 3)* ***Alcmena, -ae****: Alkmene*

4) ***Thebanus, -a, -um****: thebanisch, von Theben 5)* ***amator, -oris****: Liebhaber 6)* ***clam****: heimlich*

B) Aufgabenteil

Sprache

1. Welche Aussagerichtung gibt welcher Konjunktiv im Hauptsatz wieder? Ordne die Substantive den entsprechenden Bezeichnungen korrekt zu. 2 BE

Deliberativ – Prohibitiv – Optativ – Dativ – Hortativ – Komparativ – Potentialis – Irrealis

Wunsch	▷
Verbot	▷
Möglichkeit	▷
Aufforderung	▷

2. Folgende Wendungen finden sich häufig in lateinischen Texten. Gib ihre deutsche Bedeutung an. 3 BE

satis verborum ▷ ______________________

pars hominum ▷ ______________________

Quid negotii est? ▷ ______________________

3. Einer fällt aus der Reihe. Finde ihn heraus und begründe kurz deine Entscheidung. 2 BE

ducendo – defendi – docendi – defendendi

__________ ______________________

4. Bilde von der Infinitivform in Klammern die passende Form des Gerundiums, sodass sich eine korrekte lateinische Wendung ergibt. 3 BE

ars **(dicere)** ▷ ______________________

milites ad **(expugnare)** parati ▷ ______________________

Archimedes **(experiri)** multa inveniens ▷ ______________________

▷ Grundwissen

5. Erläutere kurz den Unterschied zwischen einer antiken Tragödie und einer antiken Komödie. Drei Gesichtspunkte genügen. 3 BE

____

____

____

▷ Antike Kultur

6. Erkläre anhand des abgebildeten Bauwerks die Vorteile, die das Bauen mit *opus caementicium* den Römern bot. 3 BE

____

____

____

____

____

7. Beschreibe kurz zwei Typen von Charakteren, die in den Komödien des Plautus immer wieder vorkommen. 2 BE

____

____

Gesamt:
18 BE

9 Übersetzung (ohne Zusatzaufgabe) bis Lektion 42

Vorsicht mit den Römern!

1. Critognatus, vir nobilis Gallorum, cives suos ita hortatus est:
2. „Vos omnes non ignoratis illud Caesaris[1]: VENI, VIDI, VICI.
3. Utinam ne ab eo vincamini! Periculum enim est, ne nos omnes a Romanis perdamur.
4. Illi iam tota fere Gallia potiti nunc oppidum nostrum expugnare conantur.
5. Sustineamus obsidionem Romanorum omnibus viribus!
6. Quondam Cimbri et Teutoni[2], gentes Germanorum, praedandi[3] causa in Galliam invaserunt, sed aliquando rursus in suas regiones reverterunt.
7. At Romani semper in finibus nostris morari volunt.
8. Nam nationibus victis libertatem, leges, agros eripere solent.
9. Itaque ne confisi sitis amicitiae Caesaris! Despicite pacem Romanam!
10. Si Caesar victor erit, libera Gallia certe provincia Romanorum fiet, nos perpetuam servitutem patiemur.
11. Proinde resistamus!“ 105 LW

*1) **illud Caesaris**: jener berühmte Spruch Cäsars*

*2) **Cimbri (-orum) et Teutoni (-orum)**: die Zimbern und Teutonen 3) **praedare**: Beute machen*

10 Übersetzung (ohne Zusatzaufgabe) bis Lektion 42

Theseus tötet Prokrustes

1. Theseus, etsi iam iuvenis erat, patrem nondum viderat.
2. In agris enim procul a regno patris vitam egerat.
3. Tandem in patriam reverti constituit et multis periculis impendentibus Athenas profectus est.
4. Subito ei iter facienti Procrustes[1] occurrit, qui pessimus et improbissimus omnium putabatur.
5. Statim Theseus cognovit, quocum ei res esset: Id monstrum[1] hospites invitare solebat – non cenandi causa, sed ad moriendum.
6. Theseus autem secum locutus est: „Quid timeam? Certe fortior sum isto.
7. Qua de causa metus mortis me omnino non incedet.
8. Certe auxilio deorum confisus istum hominem vincam.“
9. Et profecto Theseus Procrustem[1] eodem[2] modo interfecit, quo ille hospites: Pedes, manus, caput secuit[3].
10. Ita contigit, ut illa regio terribili monstro[1] libera fieret. 109 LW

1) ***Procrustes, -is**: Prokrustes* (ein Unhold in der Gegend von Athen, der seine Gäste auf ein Bett legte und sie, falls sie zu klein waren, mit einem Hammer breit klopfte, falls sie zu groß waren, verkleinerte, indem er ihnen Kopf und Glieder abschnitt) *2) **idem, eadem, idem**: derselbe*

*3) **secare (secui, sectum)**: (ab)schneiden*

11 ◁ **A) Übersetzung** bis Lektion 42

Coriolan

1. Gnaeus Marcius in bello tantam gloriam sibi paravit, ut ab urbe „Corioli“, quam expugnaverat, „Coriolanus“ nominaretur.
2. Sed paulo post Romae accidit, ut cives consilium caperent eum in exilium[1] mittendi.
3. Tum Coriolanus ad Volscos[1], quos nuper vicerat, fugit. Quae res victis non odio, sed admirationi fuit.
4. Una cum eis Coriolanus, ubi ei occasio cives Romae poena afficiendi oblata est, urbem invadere ausus est.
5. At Veturia, mater Coriolani, filium hortata est:
6. „Ne deposueris e memoria patriam tuam! Certe scias te hic natum esse.“
7. Et profecto is urbem non oppugnavit, cum matrem maxime vereretur. 90 LW

1) ***Volsci, -orum**: die Volsker* (ein mit Rom verfeindeter Volksstamm)

B) Aufgabenteil

▷ SPRACHE

1. Aus 2 mach 1! Gib die folgenden lateinischen Ausdrücke mit einem deutschen Wort wieder. 3 BE

litem facere ▷ ______________________

aequus animus ▷ ______________________

cupidus pecuniae ▷ ______________________

2. Füge zu den folgenden Verbformen die entsprechende Perfektform in die Tabelle ein. Gib an, welcher Kategorie von Verben die Beispiele zuzuordnen sind. 3 BE

gaudemus	▷
confidebat	▷

Kategorie ▷ ______________________

3. Fit für *fieri*? Verwandle die folgenden Formen jeweils in ihre Passivform. 4 BE

facitis ▷ ______________ **faciebant** ▷ ______________

faciet ▷ ______________ **faciatis** ▷ ______________

Grundwissen

4. Erkläre kurz den Unterschied zwischen einem Deponens und einem Semideponens. 2 BE

____

____

____

Antike Kultur

5. Gib an, welches Wirtschaftsunternehmen mit dem lateinischen Spruch *Fiat lux!* einen Werbespot gestalten könnte. Begründe deine Wahl. 2 BE

____

____

____

6. Stelle dir vor, du wärst ein junger Römer, der am Abend vor seiner ersten großen Rede die wichtigsten Stufen für eine gelungene Rede noch einmal rekapituliert. Gib die lateinischen und deutschen Begriffe der Schritte an, die du vollzogen haben musst. Der erste Schritt ist dir bereits angegeben. 4 BE

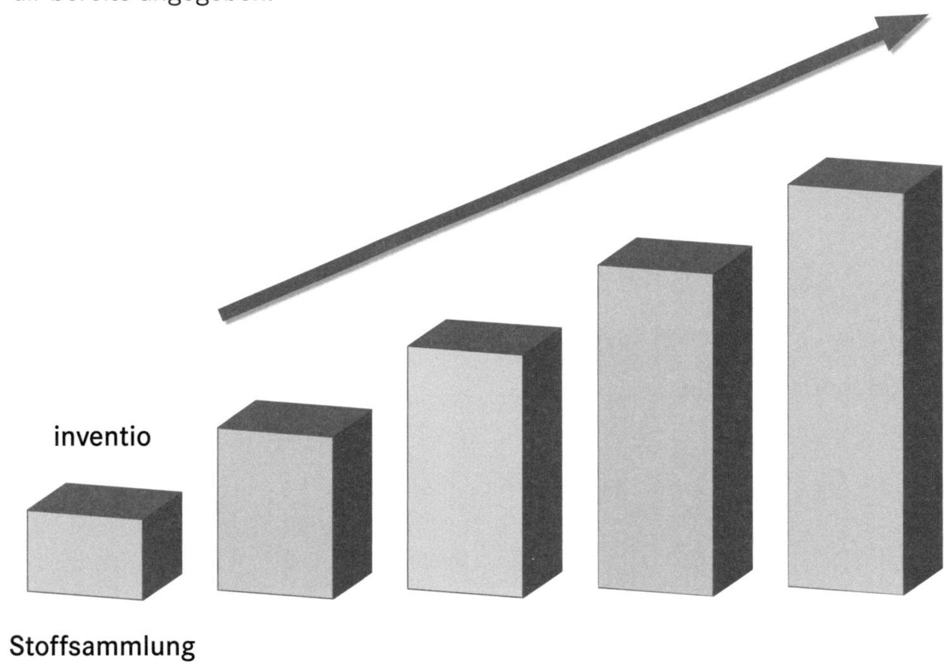

Gesamt: 18 BE

12 A) Übersetzung

bis Lektion 43

Roms größter Mann

1. Num quis nesciat Caesarem adulescentem non solum vita dulci frui solitum esse, sed etiam cupidum fuisse sibi perpetuae gloriae parandae?
2. Itaque se etiam oratoribus Graecis docendum dedit, ut praecepta bene dicendi complecteretur.
3. Postea consul factus, quaecumque optaverat, consequi conatus est.
4. Tum fortuna sua et virtute militum confisus multos annos in Gallia[1] pugnavisse et plerisque nationibus servitutem turpem iniunxisse traditur.
5. Sed, cum Caesar ibi potentiae augendae causa iura civitatis contempsisset, senatus consilium cepit imperatorem e provincia Romam revocandi.
6. Quo factum est, ut bellum civile oriretur.
7. Sed Caesar in Romanis opprimendis eadem prudentia usus est quam in Gallis[1] vincendis. 97 LW

*1) **Gallia, -ae**: Gallien 2) **Galli, -orum**: die Gallier*

B) Aufgabenteil

SPRACHE

1. Gib zu jeder der beiden lateinischen Wendungen je zwei unterschiedliche, aber stilistisch passende Übersetzungen ins Deutsche an. 4 BE

   a) **ad urbem defendendam**
   1) ______________________
   2) ______________________

   b) **patriae liberandae causa**
   1) ______________________
   2) ______________________

2. *hic, haec, hoc – idem, eadem, idem*: Bei beiden Wörtern handelt es sich um Demonstrativ-Pronomina. Dennoch sind sie in ihrer Wortbedeutung ganz unterschiedlich. Erkläre kurz, worin dieser Unterschied besteht. 2 BE

   ____

   ____

3. Erkläre: Wann verwendet der Römer das Indefinit-Pronomen *aliquis*, wann die „Kurzform" *quis*? 2 BE

   ____

   ____

4. Führe zwei Wörter aus dem folgenden Text jeweils auf ihr lateinisches Ursprungswort zurück und erkläre damit ihre Bedeutung. 2 BE

Die Konditionen für Mietverträge bewegen sich noch innerhalb der Toleranzgrenze. Allerdings variieren sie regional sehr stark.

Fremdwort	Lateinisches Ursprungswort	Deutsche Bedeutung

GRUNDWISSEN

5. Erläutere mithilfe deiner Grammatikkenntnisse, worin der Unterschied zwischen einem Gerundium und einem Gerundivum besteht. 2 BE

____

____

ANTIKE KULTUR

6. Erkläre die Bildaussage der nebenstehenden Abbildung. Beziehe in deine Erklärung auch die unterschiedlichen Haltungen der dargestellten Personen mit ein. 3 BE

____

____

____

____

____

7. Du bist als Vertreter der stoischen Philosophenschule zu einem Internetchat eingeladen. Antworte jeweils kurz auf die Fragen deiner Mit-Chatter. 3 BE

Frage 1: *Woher kommt eigentlich der komische Name eurer Philosophenschule?*

Antwort Stoiker: ______________________________

Frage 2: *Wie erträgst du Schicksalsschläge?*

Antwort Stoiker: ______________________________

Frage 3: *Wie gelangt man eurer Meinung nach zum Glück?*

Antwort Stoiker: ______________________________

Gesamt: 18 BE

13 A) Übersetzung

bis Lektion 43

Philosophie als Bildungswert

1. Plerique nobiles Romani filios suos philosophis[1] Graecis instituendos tradere cunctati non sunt.
2. Illi enim iuvenes docuerunt veram virtutem non in honoribus quaerendis, sed in humanitate colenda positam esse.
3. Etiam discipulis[1] hoc suasisse traduntur: „Ne imitati sitis istos homines, qui immani avaritia impulsi magnas divitias sibi parare conantur!"
4. Cicero ipse ab urbe Roma Athenas[2] profectus est philosophorum[1] clarorum audiendorum causa.
5. Illinc[3] reversus philosophia[1] Graeca Latine[4] explananda domi maximam gloriam consecutus est. 69 LW

*1) **discipulus, -i**: Schüler 2) **Athenas**: nach Athen 3) **illinc**: von dort 4) **Latine**: in lateinischer Sprache*

B) Aufgabenteil

SPRACHE

1. Gerundium oder Gerundivum? Notiere in zwei verschiedenen Farben, worum es sich bei folgenden Wendungen handelt, und begründe deine Entscheidung. 4 BE

	Gerundium oder Gerundivum?	Begründung
ad animum confirmandum		
defendendo		
in hostibus arcendis		
ad confirmandum		

2. Ordne die folgenden Verben so zu, dass korrekte Wendungen entstehen, und übersetze diese. 3 BE

offerre – uti – communicare

sermonem cum servis ____________ = ____________

____

servis familiariter ____________ = ____________

se morti ____________ = ____________

3. Um welche Sinnrichtung des Konjunktivs im Hauptsatz handelt es sich bei den folgenden Sätzen? Füge in die Tabelle die grammatische Bezeichnung sowie die jeweilige deutsche Wiedergabe ein. 3 BE

	Sinnrichtung	**Deutsche Wiedergabe**
Abeam?		
Abeamus!		
Ne abieris!		

Grundwissen

4. Erkläre mithilfe deiner Grammatikkenntnisse den Begriff „Semideponens". 2 BE

____

____

Antike Kultur

5. Erläutere kurz, was der Dichter Horaz mit seiner Aussage, er sei ein „Schweinchen aus der Herde Epikurs", ausdrücken wollte. 2 BE

____

____

6. Nenne zwei Gründe, weshalb die Beherrschung der Rhetorik für einen Menschen, der in der Öffentlichkeit tätig war, unverzichtbar war. 2 BE

____

____

7. Gib an, um welche bedeutende Person aus der Antike es sich handelt. Begründe deine Entscheidung. 2 BE

____

____

____

____

____

Gesamt: 18 BE

14 A) Übersetzung

bis Lektion 43

Cicero – ein gefragter Redner

1. Ciceronem optimum oratorem fuisse et in animis hominum oratione permovendis multum valuisse constat.
2. Quis nescit multos iuvenes Romanos cunctatos non esse ad illum virum proficisci artis oratoriae[1] discendae causa.
3. Aliquando Siculi[2] consilium ceperunt illum oratorem adeundi, ut causam in Verrem[3] susciperet.
4. Cicero autem sortem Siculorum[2] indignatus eis respondit:
5. „Nemo credat unum virum tantum gradum vitiorum consequi posse.
6. Ne desperaveritis! Vobis iustitia fiat!“
7. Profecto accusando immania Verris[3] scelera sua arte dicendi et Siculos[2] isto homine liberavit et sibi ipse maximam gloriam paravit. 84 LW

*1) **oratorius, -a, -um**: rednerisch, Rede-* *2) **Siculi, -orum**: die Sizilier* (Bewohner Siziliens)

*3) **Verres, -is**: Verres* (römischer Verwalter Siziliens, der die Insel fast aller Kunstschätze beraubt hat)

B) Aufgabenteil

SPRACHE

1. Übersetze das Gerundivum auf drei unterschiedliche Weisen. 3 BE

Naturā contemplandā homines multa discunt.

____________________ lernen die Menschen viel.

____________________ lernen die Menschen viel.

____________________ lernen die Menschen viel.

2. Setze die korrekte Form von *(ali)qui, (ali)qua, (ali)quod* ein. 3 BE

________________ homines video.

________________ amicis donum do.

Si ________________ beneficium accepisti, narra mihi!

3. Verwandle die folgenden Verbformen ins Perfekt. 3 BE

revertimini ▷ ____________________

solebat ▷ ____________________

gaudemus ▷ ____________________

4. „Fit“ für einen Formen-Hindernislauf? Wandle die Formen wie angegeben um. 1 BE

fio → Konjunktiv → 3. Person Plural

______________________ ______________________

Grundwissen

5. Erkläre in knappen Worten die Bedeutung des bekannten Ausrufs *Carpe diem!*. 2 BE

____

____

Antike Kultur

6. Woran erkennst du, dass es sich bei der abgebildeten Statue um den Philosophen Diogenes handeln muss? Gib drei Gründe dafür an. 3 BE

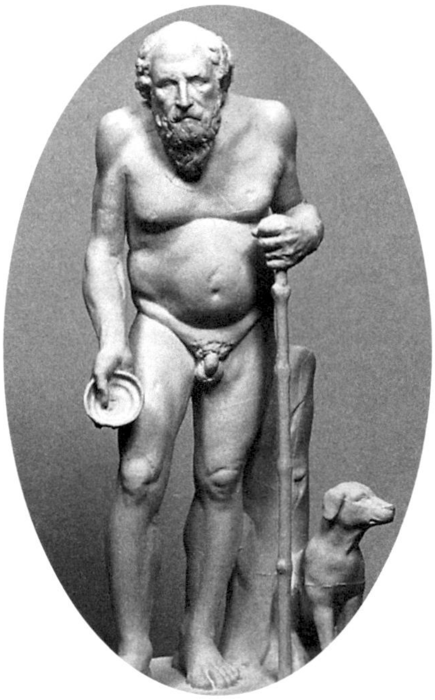

____

____

____

____

____

____

7. Was war charakteristisch für eine antike Komödie? Gib eine knappe Beschreibung und nenne einen antiken Verfasser von Komödien. 3 BE

____

____

____

Gesamt:
18 BE

15 A) Übersetzung

bis Lektion 43

Rettungseinsatz

1. Plinius res naturae cognoscendi cupidus iam per multos dies Vesuvium montem ignes evomentem[1] contemplabatur.
2. Sed cum propinqui ex ea regione auxilii petendi causa venissent, sibi non licere arbitrabatur diutius Miseni[2] morari.
3. Qua de causa militibus cunctantibus persuasit, ut secum proficiscerentur, hac oratione usus:
4. „Milites fortissimi, quodcumque umquam fiebat, semper exempla optimorum virorum imitari soliti estis.
5. Nunc nobis facultas vitam permultorum[3] hominum servandi data est.
6. Utinam parati sitis ad auxilium ferendum!
7. Ne deserueritis miseros cives tanta calamitate oppressos!
8. Tutemur hos fortunae confisi!" 80 LW

1) evomere: (aus)speien *2)* ***Miseni****: in Misenum* (Stadt am Golf von Neapel) *3)* ***permulti, -ae, -a****: sehr viele*

B) Aufgabenteil

▷ SPRACHE

1. Befehl ▷ Verbot: Wandle die folgenden lateinischen Befehle in Verbote um. 4 BE

coniunge ▷ ________________________________

omittite ▷ ________________________________

2. Ersetze in den folgenden Wendungen die Formen von *aliquis* durch diejenigen von *idem*. 3 BE

aliquibus viris ▷ ________________________________ viris

aliquam amicam ▷ ________________________________ amicam

alicui domino ▷ ________________________________ domino

3. Do you speak Latin? Gib die lateinischen Wörter an, auf die die folgenden englischen Wörter zurückzuführen sind, und nenne ihre deutsche Bedeutung. 3 BE

	Lateinisches Ursprungswort ▷	Deutsche Bedeutung
server		
eternal		
confidence		

Grundwissen

4. Begründe kurz, weshalb Athen zu Recht als Geburtsstadt des Theaters bezeichnet werden kann. 2 BE

Antike Kultur

5. Werde zum Kyniker und beschreibe anhand von drei Aspekten die wichtigsten Elemente der kynischen Philosophie. 3 BE

6. Erkläre, um wen es sich bei der abgebildeten Person handelt und welche geschichtliche Rolle sie gespielt hat. 3 BE

Gesamt: 18 BE

16 A) Übersetzung

bis Lektion 44

Erziehungsgrundsätze

1. Nemo hoc dubitet: Quicumque magister bonus esse conatur, liberos non diutius discere et studere cogit.
2. Liberi enim non ultra modum quendam memoriae litteris exercendae operam dare possunt.
3. Plerique discipuli[1] plus virium ad discendum afferunt et omnes res, quae discendae sunt, celerius conficiunt, cum intervallis[2] quibusdam otio[3] dulci fruuntur.
4. Sed discipulis[1] non nimium otium[3] concedendum est, ne in animis eorum voluntas nihil agendi maneat.
5. Et instituamus liberos magis caritate[4] quadam quam metu officiorum!
6. Videant etiam parentes, ut liberi praecepta magistrorum domi persequantur! 80 LW

*1) **discipulus, -i**: Schüler 2) **intervallum, -i**: Abstand 3) **otium, -i**: Freizeit 4) **caritas, -atis**: Liebe*

B) Aufgabenteil

Sprache

1. Setze die Wörter in Klammern so in die Gerundivkonstruktion ein, dass sich ein korrekter lateinischer Satz ergibt (beachte den Kasus). 2 BE

   (omnes) magistro parendum est. ▷ ______________________________

   (liberi) parentes diligendi sunt. ▷ ______________________________

2. Gib drei verschiedene Übersetzungsmöglichkeiten des folgenden Satzes an. 3 BE

   Officia explenda sunt.

   a) ______________________________

   b) ______________________________

   c) ______________________________

3. Erkläre, um welche Art von Pronomen es sich bei *quidam, quaedam, quoddam* handelt. Wie wird es im Deutschen übersetzt? 2 BE

   ____

   ____

4. Wähle aus den folgenden Gerundivformen so aus, dass sich ein korrekter und sinnvoller lateinischer Satz ergibt. Trage die richtigen Formen in die Lücken ein. 3 BE

parendum – communicando – oriendum – arcendi – petendae – excedendi

Hostes ______________________________ sunt.

Dominis semper ______________________________ est.

Legati pacis ______________________________ causa venerunt.

▷ GRUNDWISSEN

5. Erkläre, was ein Dativ innerhalb einer Gerundiv-N-Konstruktion bezeichnet. 2 BE

____

____

▷ ANTIKE KULTUR

6. Erkläre kurz, wie unser heutiges Paragraphenzeichen § entstanden ist. 2 BE

____

____

7. Gesetze wurden seit der Antike in Sammlungen zusammengestellt. Nenne zwei dieser antiken Gesetzessammlungen. 2 BE

______________________________ ______________________________

8. *Audiatur et altera pars!* Erkläre mithilfe eines Beispiels, was mit dieser römischen Rechtsregel gemeint ist. 2 BE

____

____

Gesamt:
18 BE

17 Übersetzung (ohne Zusatzaufgabe) bis Lektion 44

Krieg wegen Frauenmangels

1. Romani et re publica administranda et arte belli gerendi iam ita valebant, ut civitatibus propinquis pares essent.
2. At cum Romanis mulieres tum omnino deessent, Romulus secum ita cogitavisse videtur:
3. „Sanguis Romanus cum sanguine gentis propinquae coniungendus est."
4. Qua de causa dolum sibi adhibendum esse ratus ludos in urbe parari et cives gentium propinquarum invitari iussit.
5. Profecto multi spectandi causa Romam venerunt.
6. Inter eos multitudo Sabinorum[1] una cum liberis et coniugibus erat.
7. Dum autem cuncti in ludis spectandis occupati sunt et omnia admirantur, iuventus Romana occasionem rapiendi virgines Sabinas[2] non praetermisit.
8. Mox inter Romanos et Sabinos[1] bellum immane ortum esse traditur. 99 LW

1) ***Sabini, -orum:*** *Sabiner* (ein Rom benachbarter Volksstamm) *2)* ***Sabinus, -a, -um:*** *sabinisch*

18 Übersetzung (ohne Zusatzaufgabe) bis Lektion 44

Tod eines Erfinders

1. Archimedes, vir summae sapientiae et arte res novas experiendi clarissimus, Syracusis[1] morabatur.
2. Aliquando Marcellus, Romanorum dux, cum illud oppidum omnibus viribus oppugnaret, rem celeriter confecisset, nisi Archimedes Syracusanis[2] in urbe defendenda auxilium tulisset inveniendo maxima tormenta[3].
3. Neque tamen eis contigit, ut hostes semper ab urbe arcerent.
4. Syracusis[1] autem expugnatis Marcellus militibus suis bona civium rapienda dedit, sed eis vehementer imperavit: „Archimedi parcendum est."
5. At miles quidam barbarus duci non paruit.
6. Archimedem enim gladio interfecit, dum is formas in arena[4] scriptas contemplatur et istum hominem his verbis repellere conatur: „Ne pertubaveris circulos[5] meos!"
7. Marcellus autem Archimedem honesto sepulcro condi iussit. 99 LW

1) ***Syracusae, -arum:*** *Syrakus* (Stadt auf Sizilien) *2)* ***Syracusani, -orum:*** *Bewohner von Syrakus*
3) ***tormentum, -i:*** *Wurfmaschine* *4)* ***arena, -ae:*** *Sand* *5)* ***circulus, -i:*** *Kreis*

19 A) Übersetzung

bis Lektion 45

Tod für den Christenglauben

1. Sebastianus[1], cum ab imperatore Diocletiano praefectus[2] factus esset, eo honore valde fruebatur.
2. Sed nonnullis militibus dixit se religionem Christianam sequi semperque eorum sacrificiis[3] interfuturum esse.
3. Paulo post unus ex eis, cum illum praefectum[2] plenus invidiae contemneret, occasionem Sebastiani[1] prodendi[4] non omisit.
4. Is Diocletianum hortatus est: „Ne confisus sis Sebastiano[1]!
5. Iste deos nostros non veretur, sed in fronte signum Christi imponere solet.“
6. Qua de causa imperator Sebastiano[1] moriendum esse statuit.
7. Quo factum est, ut Sebastianus[1] sagittis[5] periret.
8. Posteri autem simulacra Sebastiani[1] fecerunt eum ut hominem sacrum culturi. 84 LW

1) ***Sebastianus, -i:*** *Sebastian* (Heiliger, der in der Zeit des Kaisers Diokletian im 3./4. Jh. n. Chr. lebte und, da man damals die Christen noch verfolgte, für seinen Glauben starb) *2)* ***praefectus, -i:*** *Befehlshaber* *3)* ***sacrificium, -i:*** *Opfer, Opferfeier* *4)* ***prodere:*** *verraten* *5)* ***sagitta, -ae:*** *Pfeil*

B) Aufgabenteil

SPRACHE

1. Verwandle die folgenden Wortkombinationen in eine Gerundiv-N-Konstruktion (z. B. liber / legere ▷ Liber legendus est.). 3 BE

vitia / effugere ▷ ______________________ sunt.

hospes / non despicere ▷ ______________________ est.

pecunia / reddere ▷ ______________________ est.

2. Ein Partizip Futur kann auch als Participium coniunctum verwendet werden. Gib die drei entscheidenden Aspekte an, die du bei der Übersetzung berücksichtigen musst. 3 BE

____

____

____

3. Verwandle die folgenden Formen des PPA in die entsprechenden Formen des PFA. 3 BE

concurrentes ▷ ______________________

inducentibus ▷ ______________________

praetereunte ▷ ______________________

4. Gib an, durch welche Form *futurum esse* z. B. im AcI ersetzt werden kann. 1 BE

Grundwissen

5. Gib an, welches Zeitverhältnis zum Prädikat die drei Partizipien der drei Zeitstufen jeweils ausdrücken. 3 BE

Antike Kultur

6. Auf der nebenstehenden Abbildung ist die wichtigste Figur einer Glaubensrichtung zu erkennen, die mit dem jungen Christentum anfangs in starke Konkurrenz trat. Gib an, um welche Figur es sich handelt, und nenne zwei Aspekte, die in beiden Glaubensvorstellungen ähnlich waren. 3 BE

7. Erkläre, weshalb man auf vielen frühchristlichen Gräbern das Symbol des Fisches findet. 2 BE

Gesamt: 18 BE

20 A) Übersetzung

bis Lektion 46

Macht des Schicksals

1. Oedipus[1] oraculum adierat parentes suos cogniturus.
2. Ibi se patrem necaturum et matrem uxorem ducturum esse acceperat.
3. Itaque in pectore volvit: „Haec facinora committere nolo. Parentes mihi relinquendi sunt.“
4. Oedipus[1] igitur e patria abisse fertur istam sortem immanem vitaturus.
5. Sed forte Laius, rex Thebanorum, simul in eodem itinere proficiscebatur.
6. Cum ambo concurrerent, Laius superbe dixit: „Tibi de via cedendum est!“
7. Tum Oedipus[1] ira incensus senem ita verberavit, ut vulneribus moreretur.
8. Is autem pater eius erat. Ita pars oraculi completa est.
9. Neque Oedipodi[1] contigit, ut fatum suum effugeret. 86 LW

1) ***Oedipus, Oedipodis:*** *Ödipus*

B) Aufgabenteil

SPRACHE

1. Familienbande: Gib zu jedem der folgenden Adjektive ein verwandtes lateinisches Substantiv an (z. B. armatus, -a, -um ▷ arma). 3 BE

fidus, -a, -um ▷ ______________________

laetus, -a, -um ▷ ______________________

nocturnus, -a, -um ▷ ______________________

2. Gerundivum oder Partizip? Bestimme und übersetze die Wendungen. 4 BE

	Gerundivum oder Partizip?	Übersetzung
servi contempti		
oracula consulenda sunt		
labores conficiendi sunt		
liberi labores fugientes		

3. Verwandle die folgenden Formen jeweils ins Passiv. 3 BE

facies ▷ ______________________

faceret ▷ ______________________

facitis ▷ ______________________

Grundwissen

4. Erkläre, was der Dativ in einer Gerundiv-N-Konstruktion angibt. Wie lautet seine exakte grammatische Bezeichnung? 2 BE

___

___

Antike Kultur

5. Gib an, wer die Worte „In diesem Zeichen wirst du siegen“ hörte. Gegen welchen Gegner siegte er dann auch tatsächlich? 2 BE

___

___

6. *Nulla poena sine lege!* Erkläre mithilfe eines Beispiels, was mit dieser römischen Rechtsregel gemeint ist. 2 BE

___

___

7. Erkläre, welche historische Person auf diesem Mosaik dargestellt ist und weshalb sie für die Rechtsgeschichte Europas von großer Bedeutung ist. 2 BE

___

___

___

___

___

___

Gesamt: 18 BE

21 A) Übersetzung

bis Lektion 48

Mord in der Hochzeitsnacht

1. Danaus[1] quinquaginta filias habuit et totidem[2] filios habuit frater Aegyptus.
2. Qui Danaum[1] et filias eius interficere voluit, ut regnum patris obtineret.
3. Qua re cognita Danaus[1] Minerva iuvante Argos[3] profugit.
4. At Aegyptus[1] fratris persequendi causa filios eodem[4] misit eisque praecepit, ut Danaum[1] occiderent.
5. Et minatus est[5] se, si caede non facta revertissent, eos ipsos necaturum esse.
6. Danaus[1] autem, postquam filios Aegypti[1] Argos[3] venisse comperit, vidit se eos arcere non posse.
7. Itaque filias suas eis uxores dedit.
8. Sed nocte nuptiali[6] filiae iussu patris omnes maritos praeter unum interfecerunt. 87 LW

1) ***Danaus, -i:*** *Danaos –* ***Aegyptus, -i:*** *Aigyptos* (Zwillingsbrüder; Söhne des ägyptischen Königs Belos)
2) ***totidem:*** *ebenso viele* *3)* ***Argos:*** *nach Argos* (Stadt in der Argolis, einer Landschaft auf der Peloponnes)
4) ***eodem:*** *ebendorthin* *5)* ***minari:*** *drohen* *6)* ***nuptialis, -is, -e:*** *hochzeitlich, Hochzeits-*

B) Aufgabenteil

Sprache

1. Welches Grammatikphänomen erkennst du jeweils in den unterstrichenen Satzteilen? Begründe deine Aussage grammatikalisch. 4 BE

a) **<u>Magistri</u> semper <u>diligendi sunt</u>.**

Grammatikphänomen	Begründung

b) **<u>Ars dicendi</u> difficilis est.**

Grammatikphänomen	Begründung

2. Welche zwei Stilmittel erkennst du im folgenden berühmten Ausspruch? Gib sie jeweils mit ihrem Fachbegriff an und belege sie am lateinischen Text. 4 BE

Veni, vidi, vici.

___

___

3. Ersetze die folgenden Formen von *idem, eadem, idem* durch die entsprechenden Formen von *quidam, quaedam, quoddam*. 2 BE

eorundem amicorum ▷ ______________________ amicorum

eidem amicae ▷ ______________________ amicae

Grundwissen

4. Erläutere, wer die berühmte Pythia war und welche Aufgaben sie zu erfüllen hatte. 2 BE

____

____

Antike Kultur

5. Erkläre anhand einer kurzen Bildbeschreibung, auf welches Ereignis in diesem Bild angespielt wird. Benenne dabei auch die Hauptperson. 3 BE

____

____

____

____

____

____

6. Ordne den folgenden Aussagen jeweils die richtigen Personen zu (z. B. D ▷ 6). 3 BE

A War der „Erfinder" des für Ärzte verbindlichen Eides.

B Erließ im 6. Jahrhundert eine berühmte Gesetzessammlung.

C War so „bissig", dass er den Beinamen „Hund" bekam.

1 Hippokrates

2 Diogenes

3 Sokrates

4 Konstantin

5 Justinian

A ▷ __________ B ▷ __________ C ▷ __________

Gesamt: 18 BE

22 A) Übersetzung

bis Lektion 46

Christen im Römischen Reich

1. Antiquis temporibus Christianis religio sua neganda erat.
2. Cum enim Christiani in tenebris Dei colendi causa extra urbem quibusdam locis convenire solerent, Romani rati sunt eis confidendum non esse.
3. Nero autem culpam incendii urbis Romae repulsurus Christianos propter hoc facinus accusavisse traditur.
4. Ita cives de magno damno dolentes inductos esse ad eos perdendos constat.
5. Posteris annis complures imperatores Christianis immanissime persequendis curaverunt, ut plurimi eorum interirent.
6. Quicumque dicebat se Christianum esse aut futurum esse, supplicio afficiebatur.
7. Sed Constantino imperatore milites Romani in signo crucis exercitum Maxentii fugaverunt.
8. Tum omnibus libera potestas suam religionem sequendi data est. 92 LW

B) Aufgabenteil

Sprache

1. Benenne das Zeitverhältnis der unterstrichenen Infinitive in den folgenden Sätzen und begründe deine Entscheidungen grammatikalisch. 4 BE

   a) **Scimus Archimedem multa <u>invenisse</u>.**

   b) **Iudex dicit hanc poenam gravem <u>fore</u>.**

Zeitverhältnis	Begründung
a)	
b)	

2. Gehirnjogging für Formenkenner: Verwandle die folgende Verbform jeweils in die angegebene Form. 3 BE

gaudes ▷  **Plusquamperfekt ▷**  **Futur I ▷**  **3. P. Pl.**

3. Führe drei der englischen Wörter aus dem folgenden Satz auf das jeweils zugrunde liegende lateinische Wort zurück und gib dessen deutsche Bedeutung an. 3 BE

To his opinion it is necessary to admire the glory of the Roman empire.

Englisches Wort ▷	Lateinisches Wort ▷	Deutsche Bedeutung

▷ GRUNDWISSEN

4. Erläutere kurz, weshalb die Schlacht an der Milvischen Brücke für die europäische Geschichte von entscheidender Bedeutung war. 2 BE

____

____

▷ ANTIKE KULTUR

5. Erläutere in knappen Worten drei zentrale Elemente des Mithras-Kultes. 3 BE

____

____

____

6. In der Chemie werden lateinische Abkürzungen zur Bezeichnung von Metallen verwendet (z. B. Blei = plumbum ▷ Pb). Wende deine Lateinkenntnisse an und trage das entsprechende Kürzel aus den unten angegebenen Vorschlägen ein. 3 BE

Ad Af Ag Au Fe Fu Fn

Gold ▷ ____________ Silber ▷ ____________ Eisen ▷ ____________

Gesamt: 18 BE

23 A) Übersetzung

bis Lektion 46

Freude über den verlorenen Sohn

1. Senex quidam honestus, cum filium suum, qui multis annis antea domo effugerat, rediturum esse accepisset, summo gaudio affectus est.
2. Statim compluribus servis dixit: „Vobis quidem semper multa officia conficienda sunt.
3. Sed hodie omnibus occasione agendi diem festum[1] utendum est. Nobis cunctandum non est.
4. Eo ipso die cunctos amicos ad cenam optimam invitabo.
5. Unusquisque paratus sit ad filium meum recipiendum! Omnes laetitiam in pectore suo habeant!"
6. Tum omnes concurrerunt visuri filium redeuntem.
7. Pater autem ei reverso dixit: „Filium perditum repperi!
8. Nunc spero neminem te postea iterum ad tale facinus inducturum esse." 88 LW

*1) **diem festum agere**: ein Fest feiern*

B) Aufgabenteil

Sprache

1. Ordne die folgenden Verben den Sätzen zu und setze sie in der korrekten Gerundivform ein, sodass sich vollständige lateinische Sätze ergeben. 4 BE

explere – servare – neglegere – parere

Leges ______________________ sunt.

Praecepta ______________________ non sunt.

Domino ______________________ est.

Officia ______________________ sunt.

2. Verwandle die lateinischen Infinitive der AcI-Konstruktionen in den folgenden Sätzen so, dass jeweils eine Nachzeitigkeit zum Ausdruck kommt. 2 BE

Caesar dixit se venire. ▷ ______________________

Scimus urbem Romam aeternam esse. ▷ ______________________

3. Perfekt-Check: Gib die folgenden Formen jeweils in der entsprechenden Perfektform an. 4 BE

intereunt ▷ ______________________ **persequatur** ▷ ______________________

gaudebas ▷ ______________________ **contemnitis** ▷ ______________________

GRUNDWISSEN

4. Erkläre anhand eines historischen Beispiels, was unter dem Begriff „Toleranzedikt“ zu verstehen ist. 2 BE

____

____

ANTIKE KULTUR

5. Erläutere, was unter dem Begriff „zweites Rom“ zu verstehen ist und in welchem Verhältnis „erstes“ und „zweites Rom“ zueinander standen. 3 BE

____

____

6. Erläutere kurz, inwiefern am Weihnachtstag des Jahres 800 ein „neues“ *Imperium Romanum* entstanden ist. 3 BE

____

____

Gesamt: 18 BE

24 **Übersetzung** (ohne Zusatzaufgabe) bis Lektion 46

Der Fluch des Goldes

1. Midas[1] rex Libero[2] deo beneficium quoddam attulerat.
2. Ob id deus Midae[1] dedit potestatem optandi, ut, quidquid vellet, a se consequeretur.
3. Igitur rex petivit, ut, quidquid tetigisset, aurum fieret.
4. Quod cum consecutus esset, profecto, quidquid tetigerat, aurum fiebat.
5. Sed hoc donum divinum ei commodo non erat; neque enim vinum aureum bibere neque cibo aureo frui poterat.
6. Qua de causa se mox interiturum esse ratus est. Fortunam suam contempsit.
7. Statim Liberum[2] iterum adiit hoc rogaturus: „Istud donum aureum mihi rursus eripiendum est.“
8. Deus autem iussit: „Tibi in flumine Patulo[3] corpus tuum abluendum[4] est.“
9. Cum corpus eius aquam tetigisset, eodem modo aurea facta est.
10. At Midas[1] misera sorte sua liberatus est. 108 LW

1) ***Midas, -ae:*** *Midas* (sagenhafter König von Phrygien, einer Landschaft in Kleinasien)
2) ***Liber, -i:*** *Liber* (Gott des Weines, anderer Name für Bacchus) *3)* ***Patulus, -i:*** *Patulus* (Fluss in Phrygien)
4) ***abluere:*** *abwaschen*

25 Übersetzung (ohne Zusatzaufgabe) bis Lektion 46

Solon als Gesetzgeber

1. Athenienses durissimas Draconis[1] leges tollendas esse rati Solonem[2] principem civitatis fecerunt.
2. Nam hunc virum nobilissimo genere ortum hoc munus optime expleturum esse arbitrati sunt.
3. Soloni[2] autem persuasum erat se novas leges scribendo multos cives perturbaturum, multos delectaturum esse.
4. Secum enim cogitavit: „Quidquid pro altera parte fecero, alteri parti certe non placebit."
5. Sed ei contigit, ut omnes intellegerent novas leges ab eo summa prudentia scriptas civitati Atheniensium saluti fore.
6. Legibus autem datis Solon[2] urbem reliquit.
7. Antea cives iurare iussi erant se leges non mutaturos esse, dum reverteretur.
8. Sed non prius quam post decem annos revertit.
9. Interim concordia civium facta res publica restituta erat. 102 LW

1) ***Draco, -onis:*** *Drakon* (ein besonders strenger Gesetzgeber Athens)

2) ***Solon, -onis:*** *Solon* (athenischer Staatsmann und Gesetzgeber)

26 Übersetzung (ohne Zusatzaufgabe) bis Lektion 50

Drachenkampf

1. Sanctus Georgius aliquando pervenit ad lacum, ubi vinctam[1] puellam flentem vidit.
2. Quam cum aspexisset, rogavit, cur fleret.
3. Et illa: „Bone iuvenis, celeriter ascende equum et fuge, ne mecum moriaris!"
4. Cui Georgius: „Ne sis timida, filia, sed dic mihi, cur hic moriaris omni plebe spectante!"
5. Deinde illa explanavit: „Crudelis draco[2] in hoc lacu vivit cupidissimus omnes interficiendi.
6. Cottidie cives draconi[2] singulos filios filiasque dant impetus eius prohibendi causa."
7. Tum Georgius: „Tibi metuendum non est. Polliceor me deo iuvante te servaturum esse."
8. Dum haec loquitur, draco[2] caput e lacu sustulit.
9. Protinus Georgius equum ascendit et in draconem[2] se aggredientem fortiter impetum fecit.
10. Mox monstrum[!], quamvis terribili modo saeviret, exstinxit. 108 LW

1) ***vinctus, -a, -um:*** *gefesselt* 2) ***draco, -onis:*** *Drache*

27 A) Übersetzung

bis Lektion 46

Endlich Glaubensfreiheit

1. Imperator Constantinus, cum adulescens instituta religionis Christianae non sequeretur, tamen postremo Christianis magno commodo fuit.
2. Nam cum Maxentio bellum gerens timuit, ne ab eo vinceretur, quia ei plus virium erat.
3. Et desperavisset, nisi dormiens crucem in caelo fulgentem vidisset, in qua haec verba scripta erant: „In hoc signo vinces."
4. Itaque omnes copias suas hoc signo affecit.
5. Profecto milites eius urbem Romam ceperunt et exercitum Maxentii fugaverunt.
6. Tum Constantinum summa cum laetitia in urbem receptum esse constat.
7. Victoria autem parta imperator se omnibus civibus libertatem sequendi religionem Christianam daturum esse promisit. 90 LW

B) Aufgabenteil

SPRACHE

1. Ergänze den Ablativus absolutus durch die korrekte Verbalform. 3 BE

   Populo ______________________ (**convocare**) consul orationem habuit.

   Laboribus ______________________ (**conficere**) ad ludos properavimus.

   Multis civibus ______________________ (**audire**) Galla Placidia Athaulfum offendit.

2. Genau das Gegenteil: Gib zu folgenden Adjektiven jeweils das lateinische Wort an, das das Gegenteil bedeutet. 3 BE

   probus, -a, -um ▷ ______________________

   novus, -a, -um ▷ ______________________

   stultus, -a, -um ▷ ______________________

3. Benenne das Zeitverhältnis der unterstrichenen Infinitive in den folgenden Sätzen. Begründe deine Entscheidungen grammatikalisch. 4 BE

   a) **Spero vos cras <u>venturos esse</u>.**

   b) **Cuncti te prudentem <u>esse</u> sciunt.**

Zeitverhältnis	Begründung
a)	
b)	

Grundwissen

4. Erläutere, weshalb sich Karl der Große auf Münzen wie der abgebildeten in dieser Weise darstellen ließ. 2 BE

____

____

____

____

Antike Kultur

5. Cicero ruft in einer Rede vor dem Senat seinem Erzfeind Catilina zu: *„Abi, discede, relinque urbem, Catilina!“* Gib zwei Stilmittel an, die Cicero hier verwendet. Begründe kurz, welchen Zweck Cicero damit erreichen will. 3 BE

____

____

6. Ergänze den folgenden Lückentext zum Thema *Roma aeterna*. 3 BE

Konstantinopel entwickelte sich nach seiner Gründung ____________________ rasch zur Hauptstadt des Oströmischen Reiches. Zahlreiche Bauten, wie die __________________________, damals die größte Kirche der Christenheit, demonstrierten die Unabhängigkeit von Rom. Aber auch im Bereich des Glaubens ging man eigene Wege: Es bildete sich die ________________________ Kirche, die die Vorrangstellung des Papstes in Rom nicht mehr anerkannte.

Gesamt:
18 BE

28 A) Übersetzung

bis Lektion 49

Krieg für eine Frau

1. Legimus Paridi[1] contigisse, ut animum Helenae[2] ingenti in se amore incenderet.
2. Coniugi Menelai[3] etiam persuasit, ut nocte una secum Troiam navigaret.
3. Ille autem, cum animadvertisset, quemadmodum ab hospite Troiano[4] deceptus et offensus esset, sibi nihil temporis perdendum esse statuit.
4. Statim principes quosdam e tota Graecia convocatos his verbis hortatus est:
5. „Iste iuvenis nobis poena iusta afficiendus est.
6. Proficiscamur Troiam bello aggressuri et Helenam[2] repetituri!
7. Immo hoc oppidum quasi perniciem totius orbis terrarum exstinguendum est istius facinoris atrocis ulciscendi causa.“ 76 LW

1) ***Paris, -idis:*** *Paris* (Sohn des Priamos, des Königs von Troia) *2)* ***Helena, -ae:*** *Helena* (Gemahlin des Menelaos, schönste Frau der Welt) *3)* ***Menelaus, -i:*** *Menelaos* (König von Sparta) *4)* ***Troianus, -a, -um:*** *troianisch, aus Troia*

B) Aufgabenteil

Sprache

1. Suche aus den folgenden Formen alle Gerundiumformen heraus und übersetze sie. 3 BE

complendo – comprehendi – conservati – commodo – conservandi – concurrendo

_______________ ▷ _______________________

_______________ ▷ _______________________

_______________ ▷ _______________________

2. Forme die folgenden adverbialen Gliedsätze jeweils in einen Ablativus absolutus um. 4 BE

a) **Cum obsides liberati essent, Romani hostes vicerunt.**

____

b) **Quamquam magnum periculum instabat, Romani ludos celebraverunt.**

____

3. Führe drei der Fremdwörter aus dem folgenden Text auf das jeweils zugrunde liegende lateinische Wort zurück und gib dessen deutsche Bedeutung an. 3 BE

Das All-inclusive-Hotel bot zunächst einen eher tristen Anblick. Später stellte sich aber heraus, dass es über komplett renovierte Räume und einen Wellness-Bereich verfügte.

_______________ ▷ _______________

_______________ ▷ _______________

_______________ ▷ _______________

▷ Grundwissen

4. Die von Carl Orff vertonten *Carmina Burana* zählen zu den bekanntesten Kompositionen der klassischen Musik. Verfasse einen kurzen Lexikoneintrag, in dem du die drei wichtigsten Informationen zu diesem Werk aufführst. 3 BE

____

____

____

▷ Antike Kultur

5. Gib an, welcher Heilige hier dargestellt ist. Erkläre anhand deiner Kenntnisse der mittelalterlichen Legende die Anwesenheit der Frau auf dem Bild. 3 BE

____

____

____

____

6. Erkläre, weshalb die Erfindung des Buchdrucks für die humanistischen Gelehrten von so entscheidender Bedeutung war. 2 BE

____

____

Gesamt: 18 BE

29 A) Übersetzung

bis Lektion 50 (Übergangslektüre)

Aufbruch in eine neue Welt

1. Columbus iam iuvenis multis dubitantibus tamen confidebat se per mare Atlanticum[1] adversus solem occidentem in Indiam[2] navigare posse.
2. Itaque cogitavit, quis paratus esset se iuvare ad hoc iter faciendum.
3. Primo quidem regibus illius aetatis frustra persuadere conabatur, ut sibi pecuniam necessariam darent.
4. Sed cum Columbus se ex itinere magnas divitias domum reportaturum esse pollicitus esset, rex Hispaniae[3] cupiditate harum opum inductus ei auxilium obtulit.
5. Nonnullis annis post ille tribus navibus ornatis e portu profectus est, ut Deo duce novam maris viam quaereret.
6. Et profecto mox Columbo contigit, ut terram adhuc ignotam[4] inveniret. 91 LW

1) ***Atlanticus, -a, -um:*** *atlantisch 2)* ***India, -ae:*** *Indien 3)* ***Hispania, -ae:*** *Spanien*

4) ***ignotus, -a, -um:*** *unbekannt*

B) Aufgabenteil

SPRACHE

1. Verwandle die folgenden Wortkombinationen in eine Gerundiv-N-Konstruktion (z. B. liber / legere ▷ Liber legendus est.). 2 BE

officia / complere ▷ ______________________________

amicus / iuvare ▷ ______________________________

2. Setze bei den folgenden Wendungen die eingeklammerten Substantive jeweils in den korrekten Kasus. 3 BE

a) ____________________ parcetur. **(Nemo)**

b) ____________________ parendum erat. **(Servi)**

c) Nihil tuae ____________________ decedit. **(maiestas)**

3. Gehirnjogging für Formenkenner: Verwandle die folgende Verbform jeweils in die angegebene Form. 4 BE

polliceor ▷  **Futur I** ▷  **2. P. Pl.** ▷  **Imperfekt** ▷  **Konjunktiv**

______________ ______________ ______________ ______________

Grundwissen

4. Ordne den folgenden lateinischen Wendungen jeweils das korrekte Stilmittel zu. 3 BE

Chiasmus – Alliteration – Hyperbaton

a) incredibilis in hostes benevolentia ▷ ______________________

b) Me quaeris, quis et qualis sit iste. ▷ ______________________

c) Video meliora, peiora sequor. ▷ ______________________

Antike Kultur

5. Gib an, von welcher Person der Name „Amerika“ abgeleitet wurde. Mit welchem lateinischen Begriff bezeichneten die Europäer den neuen Kontinent nach seiner Entdeckung? 2 BE

______________________ ______________________

6. Erläutere kurz, wie auf der nebenstehenden Abbildung die Inbesitznahme der „Neuen Welt“ durch die Europäer aus damaliger Sicht vollzogen wurde. 3 BE

____

____

____

____

____

____

7. Gib an, welche drei aus Europa „importierten“ Werte 1776 die Grundlage für die amerikanische Verfassung bildeten. 1 BE

____

Gesamt:
18 BE

30 Übersetzung (ohne Zusatzaufgabe) bis Lektion 49 (Übergangslektüre)

Auszug aus Ägypten

1. Quondam regi Aegyptiorum[1] nuntiatum est divinum Israelitum[2] populum e terra effugisse.
2. Cum autem exercitus ad eos persequendos missus esset, Israelites[2] in castris iuxta mare sitis repperit.
3. Qui Aegyptios[1] post se aspicientes magno timore perturbati sunt; itaque ad Moysen[3] dixerunt:
4. „Nonne voluisti nos ex Aegypto[4] ducere? Quanta calamitas! Melius quidem erat Aegyptiis[1] semper servire quam mori."
5. Sed Moyses[3] laetitia quadam commotus respondit: „Ne timueritis! Dominus dixit se vobis omnibus salutem laturum esse."
6. Denique, cum Moyses[3] solum manus extendisset[5], Dominus mare reppulit et aqua divisa est.
7. Et populus processit per mare.
8. Quod pariter Aegyptios[1] persequentes ita inclusit, ut omnes interirent. 98 LW

1) ***Aegyptii, -orum****: die Ägypter* *2)* ***Israelites, -um****: die Israeliten* (die in ägyptischer Gefangenschaft waren) *3)* ***Moyses, -is*** (Akk. ***-en****): Moses* *4)* ***Aegyptus, -i****: Ägypten* *5)* ***extendere (extendi, extensum)****: ausstrecken*

31 Übersetzung (ohne Zusatzaufgabe) bis Lektion 50 (Übergangslektüre)

Kolumbus' Aufbruch nach Indien

1. Cupiditate in Indiam[1] vehendi adductus Christophorus Colonus[2] Fernandum et Elisabetham reges[3] adiit.
2. Quibus consilium suum proposuit eisque pollicitus est se finitimas Indiae insulas ibique incredibilem copiam auri inventurum esse.
3. Reges autem se admodum liberales praebuerunt.
4. Ita tribus navibus ex regio fisco praebitis Colonus[2] iter audax, cuius exitus incertus erat, facere coepit.
5. Sed tribus et triginta dies solem occidentem secutus Colonus[2] intellexit aliquid mali in nave fieri.
6. Primo nautae timidi occulte murmuraverunt[4], tum infesta mente sua aperta de duce occidendo cogitaverunt.
7. Exigebant, ut remitterentur.
8. Colonus[2] autem cum iis simpliciter loquens fontem odii sustulit eosque sibi iterum conciliavit. 99 LW

1) ***India, -ae****: Indien* *2)* ***Christophorus Colonus****: Christoph Kolumbus* *3)* ***Fernandus et Elisabetha reges****: das* (spanische) *Königspaar Ferdinand und Isabella* *4)* ***murmurare****: murren*

32 Übersetzung (ohne Zusatzaufgabe)

bis Lektion 50 (Übergangslektüre)

Alexander der Große versucht, seine murrenden Soldaten neu zu motivieren

1. In India Alexander, cum milites fessi[1] iter ad orientem[2] pergere nollent, hanc fere orationem habuit:
2. „Cum per Hellespontum[3] navigaremus, mihi ad Asiam[4] expugnandam numerus militum admodum parvus erat.
3. Nunc nos Scythae[5] aliaeque gentes sequuntur, nec tamen illi turbae confido.
4. Sed in vestra virtute spem ponens in acie stare et hostes atroces superare volo.
5. Neque in initio operum et laborum, sed iam in exitu sumus.
6. His regionibus potitus pro certo habeo nos victores in patriam reversuros esse.
7. Quamobrem oro vos, ne me deseratis neque me eis gentibus proiciatis, quorum nomina timetis.
8. Ego vero aut victoriam, quam desperatis, consequar aut morti honestae me offeram!" 103 LW

1) ***fessus, -a, -um:*** *müde, erschöpft* 2) ***oriens, -ntis:*** *Osten* 3) ***Hellespontus, -i:*** *Hellespont* (Meerenge zwischen Griechenland und Kleinasien) 4) ***Asia, -ae:*** *Asien* 5) ***Scythae, -arum:*** *die Skythen* (Reitervolk im Norden des Schwarzen Meeres)

Bildquellenverzeichnis

Seite 11: picture-alliance/dpa – **Seite 13:** Plurigraf, Narni/Italien – **Seite 15:** Interfoto/Mary Evans Picture Library – **Seite 20:** Bayerische Staatsbibliothek, München – **Seite 22:** Archivi Alinari/Archivio Anderson, Firenze – **Seite 24:** Villa Albani, Rom – **Seite 26:** akg-images/Hervé Champollion – **Seite 31:** akg-images – **Seite 33:** Scala, Florenz – **Seite 35:** akg-images – **Seite 42:** aus: Ch. Stiegemann/M. Wemhoff (Hrsg.), Kunst und Kultur der Karolingerzeit. Karl der Große und Papst Leo III. in Paderborn. Band 1, S. 66. Katalog der Ausstellung. Paderborn 1999 – **Seite 44:** Bridgeman Art Library – **Seite 46:** akg-images.